精品课程配套教材
21世纪应用型人才培养"十三五"规划教材
"双创"型人才培养优秀教材

U0600578

电子商务技能综合实训

DIANZI SHANGWU JINENG ZONGHE SHIXUN

主　编　刘德华　朱克炜
　　　　郑群哲
副主编　吴逸人　梁志琼
　　　　孙保华　汪千强
　　　　尹晓婷　郭学超
　　　　潘香花　吴国胜
　　　　杨子武　刘　利
　　　　杨吉科　戴小波

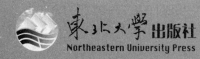

东北大学出版社
Northeastern University Press

ⓒ 刘德华 朱克炜 郑群哲 2017

图书在版编目（CIP）数据

电子商务技能综合实训／刘德华，朱克炜，郑群哲
主编. -- 沈阳：东北大学出版社，2016.1（2021.5重印）
21世纪应用型人才培养"十三五"规划教材
ISBN 978-7-5517-1207-1

Ⅰ．①电… Ⅱ．①刘… ②朱… ③郑… Ⅲ．①电子商
务-高等学校-教材 Ⅳ．①F713.36

中国版本图书馆 CIP 数据核字（2016）第 016652 号

出 版 者：东北大学出版社
　　　　　　地址：沈阳市和平区文化路三号巷11号
　　　　　　邮编：110819
　　　　　　电话：024-83680267（社务室）　83687331（营销部）
　　　　　　传真：024-83687332（总编室）　83680180（营销部）
　　　　　　网址：http://www.neupress.com
　　　　　　E-mail：neuph@neupress.com
印 刷 者：北京俊林印刷有限公司
发 行 者：东北大学出版社
幅面尺寸：185 mm×260 mm
印　　张：15
字　　数：336 千字
印刷时间：2021 年 5 月第 2 次印刷
策划编辑：志远思博
责任编辑：孙　锋
责任校对：刘乃义
封面设计：唐韵设计
责任出版：唐敏志

ISBN 978-7-5517-1207-1　　　　　　　　　　　　定价：34.00 元

前　言

　　《电子商务综合技能实训》是以培养高职院校学生的电子商务操作技能和应用电子商务技术开展相关活动的能力为目标，紧密结合电子商务的实践来构建电子商务实施与运作的整体知识框架。

　　本书在实训项目的安排上与助理电子商务师考试、培训内容有机地结合起来，增强了教学的针对性，不仅为学生参加助理电子商务师考试获得从业资格，而且为将来从事电子商务工作奠定了扎实的基础。

　　本书的编写有两大特色：一是充分体现职业教育的特色，体现教育培养"技能型"、"应用型"人才模式的特点；通过角色扮演的方式，让学生熟悉各岗位的工作，掌握工作岗位相应的技能，实现学生从业的"零过渡"训练；二是与最新技术和概念相扣。

　　本书共十三个项目，分别为电子邮件、网上银行、CA 认证模拟实训、B2C 模拟实训、C2C 模拟实训、B2B 模拟实训、物流网模拟实训、网络营销模拟实训、电子数据交换 EDI 模拟实训、网上单证模拟实训、BBS 论坛模拟实训、网络使用实训、网页制作实训。

　　本书由刘德华、朱克炜、郑群哲任主编，具体分工如下：项目一、项目二由刘德华编写；项目三、项目四由朱克炜编写；项目五由郑群哲编写；项目六由梁志琼编写，项目七由吴逸人编写，项目八由尹晓婷编写；项目九由孙保华编写；项目十由汪千强、杨吉科编写，项目十一由郭学超、潘香花编写，项目十二由杨子武、刘利、吴国胜编写，项目十三由杨吉科、戴小波编写。刘德华负责书稿的目录结构、书稿内容结构的规划与设计及书稿的初审工作。

　　本书在编写过程中参考或引用了大量专家学者的论著、图书和网站资料，因版面限制编者已尽其所能在参考文献中列出，在此对各位专家学者表示衷心的感谢。虽然我们力求完美，力创精品，但由于水平有限，书中难免存在疏漏和错误之处，恳请广大读者不吝赐教。

　　本书在编写中得到北京中鸿网略公司的支持，提供了相关资料，特此致谢！

编　者

目 录
Contents

项目一　电子邮件

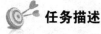 **任务描述**

青青的姐姐为了教会青青如何申请电子邮件，就首先帮助她以名为 SISTER××@eblab.com 申请了一个电子邮件；然后又在地址簿中新建组名 jiaren××，把她好友的信息全部加在 jiare××组里，方便日后联系，具体好友信息可根据地址簿的要求自定义添加。(××代表学号的后两位，所需其他信息自定义)。

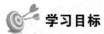 **学习目标**

（1）了解电子邮件的任务准备；
（2）熟练进行收发电子邮件及其相关操作。

🌏 任务准备

一、什么是电子邮件

电子邮件（electronic mail，简称 E-mail，标志：@，也被大家昵称为"伊妹儿"）又称电子信箱、电子邮政，它是一种用电子手段提供信息交换的通信方式。是 Internet 应用最广的服务：通过网络的电子邮件系统，用户可以用非常低廉的价格（不管发送到哪里，都只需负担电话费和网费即可），以非常快速的方式（几秒钟之内可以发送到世界上任何你指定的目的地），与世界上任何一个角落的网络用户联系，这些电子邮件可以是文字、图像、声音等各种方式。同时，用户可以得到大量免费的新闻、专题邮件，并实现轻松的信息搜索。

（一）电子邮件的发送和接收

电子邮件在 Internet 上发送和接收的原理可以很形象地用我们日常生活中

邮寄包裹来形容：当我们要寄一个包裹的时候，我们首先要找到任何一个有这项业务的邮局，在填写完收件人姓名、地址等等之后包裹就寄出而到了收件人所在地的邮局，那么对方取包裹的时候就必须去这个邮局才能取出。同样的，当我们发送电子邮件的时候，这封邮件是由邮件发送服务器（任何一个都可以）发出，并根据收信人的地址判断对方的邮件接收服务器而将这封信发送到该服务器上，收信人要收取邮件也只能访问这个服务器才能够完成。

（二）电子邮件地址的构成

电子邮件地址的格式由三部分组成。第一部分"USER"代表用户信箱的账号，对于同一个邮件接收服务器来说，这个账号必须是唯一的；第二部分"@"是分隔符；第三部分是用户信箱的邮件接收服务器域名，用以标志其所在的位置。

二、发展历程

虽然电子邮件是在20世纪70年代发明的，它却是在80年才得以兴起。70年代的沉寂主要是由于当时使用Arpanet网络的人太少，网络的速度也仅为56Kbps标准速度的二十分之一。受网络速度的限制，那时的用户只能发送些简短的信息，根本无法发送大量照片；到80年代中期，个人电脑兴起，电子邮件开始在电脑迷以及大学生中广泛传播开来；到90年代中期，互联网浏览器诞生，全球网民人数激增，电子邮件被广为使用。

Eudora简史

使电子邮件成为主流的第一个程序是Euroda，是由史蒂夫·道纳尔在1988年编写的。由于Euroda是第一个有图形界面的电子邮件管理程序，它很快就成为各公司和大学校园内的主要使用的电子邮件程序。

然而Euroda的地位并没维持太长时间。随着互联网的兴起，Netscape和微软相续推出了它们的浏览器和相关程序。微软和它开发的Outlook使Euroda逐渐走向衰落。

在过去几年中，关于电子邮件发生的最大变化是基于互联网的电子邮件的兴起。人们可以通过任何联网的计算机在邮件网站上维护他们的邮件账号，而不是只能在他们家中或公司的联网电脑上使用邮件。这种邮件是由Hotmail推广的。如今Hotmail已经成为一大热门网站，微软在2001年8月宣布，邮件服务的用户已经达到了1.1亿。但微软在1998年收购此网站的时候却仅用了4亿美元，这个价格后来令Hotmail的创建者沙比尔·布哈蒂尔后悔不迭。

Hotmail的成功使一大批竞争者得到了启发，很快电子邮件成为门户网站的必有服务，如雅虎，netscape，Exicite 和 Lycos 等，都有自己的电子邮件服务。

三、特点

电子邮件是整个网络间以至所有其他网络系统中直接面向人与人之间信息交流的系统，它的数据发送方和接收方都是人，所以极大地满足了大量存在的人与人之间的通信需求。

电子邮件指用电子手段传送信件、单据、资料等信息的通信方法。电子邮件综合了电话通信和邮政信件的特点，它传送信息的速度和电话一样快，又能像信件一样使收信者在接收端收到文字记录。电子邮件系统又称基于计算机的邮件报文系统。它参与了从邮件进入系统到邮件到达目的地为止的全部处理过程。电子邮件不仅可利用电话网络，而且可利用其他任何通信网传送。在利用电话网络时，还可在其非高峰期间传送信息，这对于商业邮件具有特殊价值。由中央计算机和小型计算机控制的面向有限用户的电子系统可以看作是一种计算机会议系统。电子邮件采用储存－转发方式在网络上逐步传递信息，不像电话那样直接、及时，但费用低廉。简单来说，电子邮件的特点即为：（1）传播速度快；

（2）非常便捷；

（3）成本低廉；

（4）广泛的交流对象；

（5）信息多样化；

（6）比较安全。

四、工作过程

（1）电子邮件系统是一种新型的信息系统，是通信技术和计算机技术结合的产物。

电子邮件的传输是通过电子邮件简单传输协议（Simple Mail Transfer Protocol，简称 SMTP）这一系统软件来完成的，它是 Internet 下的一种电子邮件通信协议。

（2）电子邮件的基本原理是在通信网上设立"电子信箱系统"，它实际上是一个计算机系统。

系统的硬件是一个高性能、大容量的计算机。硬盘作为信箱的存储介质，在硬盘上为用户分一定的存储空间作为用户的"信箱"，每位用户都有属于自

课堂笔记

己的一个电子信箱。并确定一个用户名和用户可以自己随意修改的口令。存储空间包含存放所收信件、编辑信件以及信件存档三部分空间，用户使用口令开启自己的信箱，并进行发信、读信、编辑、转发、存档等各种操作。系统功能主要由软件实现。

（3）电子邮件的通信是在信箱之间进行的。

用户首先开启自己的信箱，然后通过键入命令的方式将需要发送的邮件发到对方的信箱中。邮件在信箱之间进行传递和交换，也可以与另一个邮件系统进行传递和交换。收方在取信时，使用特定账号从信箱提取。

电子邮件的工作过程遵循客户-服务器模式。每份电子邮件的发送都要涉及到发送方与接收方，发送方构成客户端，而接收方构成服务器，服务器含有众多用户的电子信箱。发送方通过邮件客户程序，将编辑好的电子邮件向邮局服务器（SMTP服务器）发送。邮局服务器识别接收者的地址，并向管理该地址的邮件服务器（POP3服务器）发送消息。邮件服务器识将消息存放在接收者的电子信箱内，并告知接收者有新邮件到来。接收者通过邮件客户程序连接到服务器后，就会看到服务器的通知，进而打开自己的电子信箱来查收邮件。

通常Internet上的个人用户不能直接接收电子邮件，而是通过申请ISP主机的一个电子信箱，由ISP主机负责电子邮件的接收。一旦有用户的电子邮件到来，ISP主机就将邮件移到用户的电子信箱内，并通知用户有新邮件。因此，当发送一条电子邮件给一另一个客户时，电子邮件首先从用户计算机发送到ISP主机，再到Internet，再到收件人的ISP主机，最后到收件人的个人计算机。

ISP主机起着"邮局"的作用，管理着众多用户的电子信箱。每个用户的电子信箱实际上就是用户所申请的账号名。每个用户的电子邮件信箱都要占用ISP主机一定容量的硬盘空间，由于这一空间是有限的，因此用户要定期查收和阅读电子信箱中的邮件，以便腾出空间来接收新的邮件。

🏆 任务实施

电子邮件主要是为学生提供认证邮件，并为学生提供一般的邮件往来等功能。电子邮件模块主要功能：收邮件、发邮件、邮件夹（收件箱、草稿箱、发件箱、垃圾箱）、地址簿、配置、帮助主题。

一、电子信箱注册

该模块主要为学生提供电子信箱的注册。

（1）点击电子邮件模块，如图1-1所示。

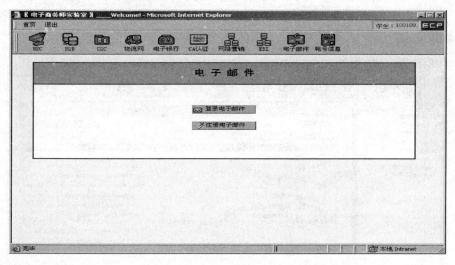

图1-1

（2）注册电子邮件。

①教师给学生分配账号时系统自动为该账号生成一个电子邮件，学生还可以根据需要申请多个电子邮件。

②点击"注册电子邮件"；

③在电子身份验证页面点击"注册"按钮，进入邮件注册申请页面，填写注册信息，点击"确定"，看到邮件申请结果反馈页面；

④在电子身份验证页面点击"下载CA证书"，进入CA证书认证页面，输入"证书编号"和密码，点击"确认"，"下载CA证书"则完成了电子邮件的申请。

⚒ **提示**：证书编号在邮件申请结果反馈页面可以看到，也可以登录系统给学生自动生成的邮件中查看到。

登录电子邮件：点击"登录电子邮件"，根据邮件选择不同的CA证书，登录进入邮件。

二、收邮件

该模块主要为学生提供邮件的收阅，学生进入收邮件模块便可看到自己收到的电子邮件，并且可以删除认为已无用的邮件。

在电子邮件首页，在图1-1中填写用户名和密码，点击"确定"进入收邮件页面，如图1-2所示；

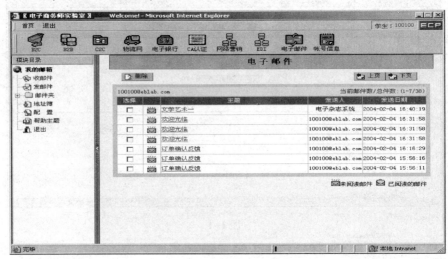

图 1-2

在本模块中可以查看信件、删除信件。

三、发邮件

该模块主要为学生提供邮件的发送，学生进入发邮件模块建立您所要发的邮件内容，建立完毕后可以保存或发送邮件。

（1）点击"发邮件"模块，如图1-3所示；

（2）填写收信人、主题、邮件内容点击"发送"。

〰提示：收信人旁边有地址簿的选择，方便在群发的时候大量选择地址簿。

四、邮件夹

该模块主要为学生提供邮件的功能夹，包括收件箱、草稿箱、发件箱、垃圾箱等功能。

6

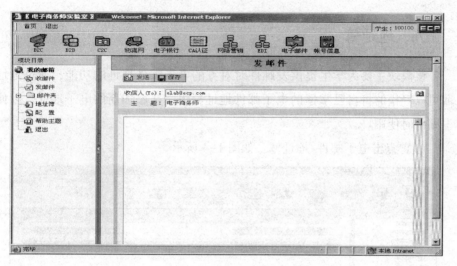

图 1-3

五、收件箱

该模块主要为学生提供收邮件的功能，进入此模块可以看到已收到的邮件，如图 1-2 所示。

六、草稿箱

该模块主要为学生提供邮件的草稿编辑功能。学生在写邮件时候，如果想暂时存放，在撰写过程中，点击"保存"后，邮件暂时保存到草稿箱，以方便修改。

七、发件箱

该模块主要为学生提供存放发送完成后的邮件。学生可以在此查看已经发送的邮件，同时也可以将邮件转发给他人。

查看邮件，点击"转发"，填写或者选择转发人的地址。点击"发送"完成转发过程。

八、垃圾箱

该模块主要为学生提供邮件删除后的回收功能，进入此模块可以看到已删除的电子邮件。

九、地址簿

该模块主要为学生提供发邮件时对方的电子邮件地址的功能，通过地址簿可以轻松的将自己掌握的电子邮件地址分组，并添加新的电子地址，以便发邮件时使用。

（1）点击电子邮件/地址簿，如图1-4所示。

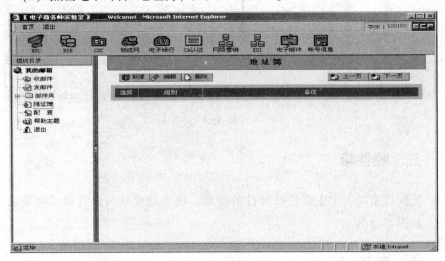

图1-4

（2）点击"新建"，在页面上填入新组名，建立新组。

（3）点击新建组名，进入组内建立通讯地址簿。

（4）点击"新建"，在新建地址簿页面填写新地址簿的各项信息，点击"确定"完成地址簿的添加。

十、配置

该模块主要为学生提供电子邮件的配置功能，进入此模块后可以根据自己的设定来配置电子邮箱，流程如图1-5。

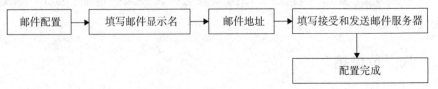

图1-5

（1）点击进入电子邮件/配置，填写显示名称。

（2）点击"下一步"，进入邮件地址，确认邮件地址正确后，点击"下一步"。

（3）填写用户名和密码，点击保存，完成邮件配置。

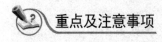 **重点及注意事项**

　　通过地址簿将自己掌握的电子邮件地址分组时，应先新建组，然后在新建的组中添加新的电子地址。

项目二　网上银行

🎯 任务描述

飞达公司是一家玩具生产商，公司最近设立了电子商务部门，李强是电子商务部门主管，其以"飞达×××公司"为企业名称注册了企业网上银行，为了确保安全，李强下载了 CA 证书，并设立了 600000 元的初始资金，因需购买材料故存款 1000000 元资金到账户，现因购买了华亿达×××公司一批原材料，特转账给华亿达公司 1200000 元，请在电子商务师实验室模拟完成以上操作。(×××代表学号后三位，其他信息自定义)

🎯 学习目标

(1) 了解网上银行的发展历史；

(2) 掌握电子支付账号的申请及支付的过程、个人网上银行和企业网上银行的账户管理、存款业务、转账业务、账务查询等服务。

🌐 任务准备

一、网上银行简介

从市场需求方，即支付系统的消费者和商户来看，最关心的是安全问题，包括个人账户账号和密码、信用卡号码、财务信息、商品订购信息、商户的商品价格和销售信息等在网络上的安全传输，不被泄密、篡改和恶意使用，并可以确认收付放的合法身份。所以，先进的密码技术运用、权威的 CA 认证机构的建设是网上支付系统建设中的关键环节。现在 VISA、Master 国际信用卡组织以及中国香港和新加坡银行联合组织都建立了自己的认证中心。在欧洲和北美的一些大银行也在联合筹建金融认证中心。由中国人民银行和 13 家商业银行参加的我国统一的金融认证中心（CFCA）于 2000 年 6 月 29 日建设成功，投入试运行。它的目标是提供 B to B 和 B to C 两种模式的认证服务，各商业银行的网上银行及网上支付系统提供认证支持，此外也支持中央银行及商业银行的内联网管理、办公自动化及信息传送服务。我国已经发放了第一批非 SET CA 系统试验证书，之后中国金融认证中心又试发了第一批 SET 系统证书，首都信息发展有限公司、新浪网站、8848 网站、鲨威体育用品公司和中国工商银行、广东发展银行成为第一批 SET 证书的持有者。CFCA 运行的第一阶段发放 SET 和非 SET 证书共 25 万张。CFCA 所提供的网上支付身份认证将为我国电子商务的开展提供更为有利的操作环境。

消费者对支付的手续费也比较敏感，当他需要为一笔小额支付话费一定数量的费用时便会产生犹豫，这在小额支付系统建设中尤其要注意。

此外，支付的速度也考验支付者的耐心，网速的快慢和支付网关、授权系统的工作效率集中表现在支付者在计算机前等待的时间长短和资金清算到账的时间总和。并且还需建立相关的法律以明确支付行为各参与者的权利、义务和法律责任，以保护支付行为主体的利益，解决数字签名的法律依据的等问题。不同银行之间支付的联合、不同国家货币兑换、网上支付的规范和标准等重大问题还需要进一步探讨。

目前，我国已经建立了 5 个全国性电子资金转账系统，中国人民银行的电子联行系统、四大国有商业银行的电子汇兑系统已覆盖了主要营业网点，大大加快了异地支付结算的处理。按保守的估计，目前至少 90% 的异地支付交易是经过电子支付系统处理的，基本上做到了行间资金转账的当天结算。电子转账、资金清算系统的建设为网上支付的实现提供了坚实的基础。目前我国网上支付主要采用信用卡型支付系统。要顺利实施支付，需要有完善的信用卡支付环境和相对的较发达的电子支付技术。

首先从信用卡发行和使用情况来看，目前我国信用卡基本上是由银行发行的银行卡，银行承担了发卡人和资金清算的双重身份，且各商业银行所发行的上亿银行卡大多属于借记卡和需要保证金的允许一定额度透支的准贷记卡。这一点和国外真正意义上支持信用消费的信用卡不同。所以，我国信用卡网上支处于银行借记卡环境，在中国金融认证中心系统工程招标过程中已经关注这一情况，中标商 IBM 公司承诺支持借记卡的应用。

从电子支付技术环境看，各发卡银行的授权和结算环节必须畅通，并要实现全国银行卡业务和支付网络的充分联合。我国银行卡正从原来不能互相转账、埋头建设各自市场的分离状态走向逐步联合，这可以大大推动网上支

课堂笔记

付的发展速度。此外，目前我国各网上信用卡支付系统交易量差距很大，结算清算、资金到账速度迥异，快捷的一天内可达，慢的需 10 天、半个月，在不同的品牌中，招商银行的一卡通是目前一个比较受欢迎的品牌。这同时表明授权、清算体系质量有待大大提高。

至于电子支票支付系统和电子现金支付系统应用在我国尚属空白。

从市场中网上支付的服务方和消费者使用网上支付的情况来看，各金融机构都意识到这一领域的重要性。许多软件公司、系统集成公司和电子商务公司都推出了各自的网上支付解决方案，但是真正的网上支付量却微乎其微，并且单笔支付的金额很小。中国商品交易中心与中国工商银行电子商务网上支付合作协议于 2000 年 11 月在北京签字，以此为信号的企业间（B to B）大额货款支付刚刚开始。

网上银行发展到目前，基本上有以下两种形式。

（1）传统银行开展的网络银行，它实际上是把银行服务业务运用到 Internet 中。目前我国开办的网上银行业务都属于这种形式，例如中国银行、中国建设银行、招商银行和中国工商银行等。

（2）根据 Internet 的发展而发展起来的全新电子银行，这类银行业务都需要依靠 Internet 来进行，而不涉及传统银行的业务。如美国安全第一网络银行就是这种形式。

不管是传统银行开展的网上银行还是全新的 Internet 上的银行，都具有以下几个特点。

①网上银行的发展是建立在计算机和计算机网络与通信技术基础上的。

②突破了传统银行业务的操作模式，把银行的业务从店堂柜台前开始的传统服务流程变为 Internet 上的电子交易模式。

③使用简单，客户只需要一台计算机、调制解调器、一根电话线就可使用网上银行提供的各种服务，例如，查询存折账单、信用卡余额和自动定期交纳各种社会服务项目的费用等。

④服务多样化。目前网上银行可以满足客户各种各样的需求。例如，网上支票报失、查询服务、维护金融秩序、汇款、交易信息和网上购物服务等。

⑤使用成本低廉。使用网上银行，可实现"人在家中坐，钱从网上来"的梦想。用户只要坐在家中就可以和网上银行打交道，就可以要求网上银行提供以上的服务，这样可以大大节约用户的交通费用，等待与信息获取等时间，减少了银行服务的中间环节，大大减低了成本。

⑥银行成本降低。一方面银行可以节省建立网点的投资，同时通过网上

交易，又可以节约交易的各种费用。

⑦365 天 24 小时服务。网上银行的运行完全是数字化、电子化的，不需要任何人工的参与，可以提供每周 7 天，每天 24 小时的全天候不间断服务，大大方便客户的使用。

二、网上银行发展的背景

1. 技术背景

计算机技术包括软件和硬件技术的突飞猛进和通信技术水平的日新月异，共同构建了网上银行发展的坚实的技术背景。计算机处理器的处理信息速度大大加快，硬盘、内存等各种存储设备的容量以几何技术增长，极大得改善了信息处理水平，计算机硬件设备价格的急剧下降使计算机走进了越来越多的普通家庭。同时，通信设备、网络建设的突飞猛进，信息传输的质量和性能也大大增强。两个领域的携手共进领导着 IT 行业的革命，链接世界各地、各个领域的网络以惊人的速度发展起来，并且目前仍然困扰我们的网速问题在不久的将来即可得到解决，网络正在改变人们的思想。行为以及包括人们经济生活在内的社会生活的方方面面。这些新的技术手段应用于银行业，引起了这一领域的巨大变化，包括信用卡、电子支票、电子货币和电子资金转账系统等更适应于网上支付的支付工具出现，使银行业开始从传统的手工操作、账簿登记向计算机自动处理、通过金融网络数据传递和资金清算等业务转变。

2. 交易模式改变和消费者需求变化

电子商务蓬勃兴起，使作为商务活动的最终环节——实现实时安全的网上支付，以最终完成交易，已经成为关键性问题，也正因为如此。它孕育着巨大的商机和良好的市场前景。作为传统商业模式中承担重要支持结算功能的银行将积极抢占这一市场。同时电子商务模式也影响着消费者对银行业务需求的变化。

人们不再满足于传统的银行柜台服务和相对滞后的金融服务。消费者希望以后提供更加便利的服务，希望可以随时随地存、取款，转移不同账户中的资金，在网上购物时实时完成支付结算，在银行停业时间也可以得到账户的有关信息。而银行则希望与消费者建立更稳固、更长久的发展关系以保持经营业绩。与此同时，人们对信息的安全性和保密性也有更高的要求。

人们越来越关注自己的私人财务状况。随着投资工具的增多，对未来预期发生变化，人们开始实施养老、医疗以及人寿等保险计划和教育储蓄计划。

课堂笔记

课堂笔记

此外，住房贷款、汽车信贷和个人综合消费信贷和新的金融产品的不断出现，个人理财服务需求大大增加。充分利用这个契机，瞄准最佳客户群，提供最优的产品和服务的银行将拥有持久的竞争优势。网上银行将提供这些服务和金融产品。

3. 人们的认知程度上升

各种应用软件界面趋于友好，人们能够轻易地掌握计算机应用技术，尤其是正日益成为重要消费力量的 20 世纪 70 年代后成长起来的年轻人，对于 IT 业更显示出浓厚的兴趣和较好的技能，他们对于基本电子服务的了解也正日益加深。加上新闻媒体的轰炸，人们开始加速认识到传统银行服务的可替代性，对网上购物、网上银行等虚拟经济中的行为开始认同。

三、网上银行发展的阶段

网上银行发展主要分为以下几个阶段。

1. 银行间业务电子化

其中主要包括银行间金融 EDI 系统的实现、电子资金转移（EFT）的实现，如美国 CHIPS 系统，还包括电汇等电子手段的最早利用形式。

2. 电子化银行

电子化银行主要包括电话银行、自助银行、家庭银行和企业银行等。它们虽然采用了一些计算机通信手段，但是一般通过专用网络，如电话网络、银行和用户专用金融网络，并不是基于开放的 Internet，而是服务方式的扩展。如电话银行只是电话自动查询系统提供的账务查询等业务。家庭银行只是建立在局域网基础上，使用专有的银行拨号上网服务实现的银行间的联网，接受银行服务。自助银行是由银行或软件公司提供家庭理财软件，帮助客户自助理财，以巩固银行和现有客户关系以及发展新客户。例如，微软的 Money 和美洲银行的软件服务等。在线银行挂靠在一些门户网站上（如美国在线 AOL 上），顾客要享受这种服务，首先要进入 AOL 主页。

3. 网上银行

网上银行一般有两个注册地址，意识地理位置上的注册地址，另一个是网上的注册地址（网址）。网上银行利用 Internet 开展金融业务，它直接在 Internet 上建立站点，人们可以通过浏览器等各种方式进入它的主页。网上银行不需要分支机构，通过 Internet 伸向全世界的每个角落，其活动的"空间"更广阔，时间更灵活

四、网上银行的功能

随着互联网技术的不断发展与创新，网上银行提供的服务种类、服务深度都在不断丰富、提高和完善。总体上讲，网上银行提供的服务一般包括两类。一类是传统的商业银行业务品种在网络上的实现。这类业务基本上在网上银行建设的初期占据了主导地位，传统商业银行把网上银行作为自身业务品种的一个新兴营销渠道。另一类是完全针对互联网的多媒体互动特性来设计提供的创新业务品种。这类业务以客户为中心、以科技为基础，真正体现了按照市场的需求"量身定做"的个性化服务特色。这类业务的开发，充分利用互联网和信息技术优势，打破了传统商业银行的各种条条框框，成为了真正意义上的网上银行业务。从业务品种细分的角度来讲，网上银行的功能一般包括银行业务项目、商业服务以及信息发布等方面。

1. 银行业务项目

主要包括个人银行、对公业务（企业银行）、信用卡业务、多种付款方式、国际业务、信贷及特色服务等。如中国银行网上银行推出了个人理财服务功能，该功能具有通存通兑、定期一本通、活期一本通、保管箱、存款证明、外汇携带证、个人购汇、外汇兑换和个人国际汇兑等业务。

2. 商业服务业务项目

主要包括投资理财、融资理财、投资银行、资金清算、资本市场和政府服务等。

银行通过网上投资理财服务，更好地体现了以客户为中心的服务策略。投资理财可以有以下两种方式。

（1）客户主动型方式。该方式的客户可以对自己的账户及交易信息、汇率、利率、股价、期货、进价和基金等理财信息进行查询。

（2）银行主动型方式。该方式的银行可以把客户服务作为一个有序进程，由专人跟踪，进行理财分析，提供符合其经济状况的理财建议、计划及相应的金融服务。

3. 信息发布业务项目

主要包括国际市场外汇行情、对公利率、储蓄利率、汇率、国际金融信息、证券行情和银行信息等。

五、网上银行业务模块

目前的网上银行系统仍然离不开传统的银行系统，因为电子货币的价值计算是以普通货币为标准，网上的经营业务首先是将一定数量的现金与现实中的货币进行价值上的等价交换，然后才可以参加交易活动。虽然电子货币可能在将来完全代替现实货币，但这还需要时间，因为还有许多问题尚未解决，如网上安全性和保密性等。

网上银行主要由以下几个业务模块组成。

1. 账户申请处理模块

该模块主要负责为客户新建账户，为客户提供电子钱包应用程序，并对客户档案进行处理与维护。

2. 支付授权处理模块

该模块主要负责客户网上购物、网上投资和网上保险等各种情况下的支付授权、授权记录管理等。

3. 网上支付处理模块

该模块主要负责客户资金支付过程的资金转移，并做好日志记录等。

4. 清算业务模块

该模块主要负责跨行业的资金清算和往来项目的核销等。

5. 系统管理模块

该模块主要负责各项业务参数管理、安全和风险管理以及报表管理等。

六、银行交易系统的安全性

"网上银行"系统是银行业务服务的延伸，客户可以通过互联网方便地使用商业银行核心业务服务，完成各种非现金交易。但另一方面，互联网是一个开放的网络，银行交易服务器是网上的公开站点，网上银行系统也使银行内部网向互联网敞开了大门。因此，如何保证网上银行交易系统的安全，关系到银行内部整个金融网的安全，这是网上银行建设中最至关重要的问题，也是银行保证客户资金安全的最根本的考虑。

为防止交易服务器受到攻击，银行主要采取以下三方面的技术措施：

1）设立防火墙，隔离相关网络

一般采用多重防火墙方案。其作用为：

（1）分隔互联网与交易服务器，防止互联网用户的非法入侵。

（2）用于交易服务器与银行内部网的分隔，有效保护银行内部网，同时防止内部网对交易服务器的入侵。

2）高安全级的 Web 应用服务器

服务器使用可信的专用操作系统，凭借其独特的体系结构和安全检查，保证只有合法用户的交易请求能通过特定的代理程序送至应用服务器进行后续处理。

3.24 小时实时安全监控

例如采用 ISS 网络动态监控产品，进行系统漏洞扫描和实时入侵检测。在 2000 年 2 月 Yahoo 等大网站遭到黑客入侵破坏时，使用 ISS 安全产品的网站均幸免于难。

4. 身份识别和 CA 认证

在网上银行系统中，用户的身份认证依靠基于"RSA 公钥密码体制"的加密机制、数字签名机制和用户登录密码的多重保证。银行对用户的数字签名和登录密码进行检验，全部通过后才能确认该用户的身份。用户的唯一身份标识就是银行签发的"数字证书"。用户的登录密码以密文的方式进行传输，确保了身份认证的安全可靠性。数字证书的引入，同时实现了用户对银行交易网站的身份认证，以保证访问的是真实的银行网站，另外还确保了客户提交的交易指令的不可否认性。由于数字证书的唯一性和重要性，各家银行为开展网上业务都成立了 CA 认证机构，专门负责签发和管理数字证书，并进行网上身份审核。

任务实施

网上银行模块主要功能是模拟网上银行系统，并为学生提供一个模拟的网上银行网站，让学生通过实验能够了解电子支付账号的申请及支付的过程、个人网上银行和企业网上银行的账户管理、存款业务、转账业务、账务查询等服务，使整个电子商务教学系统得以模拟网上支付流程及账户的管理过程。

一、企业网上银行

企业网上银行为企业提供银行账号开户，存款等服务。让学生在 B2B 网上交易过程中使用电子支付功能，主要包括以下几个功能见图 2-1。

注册：

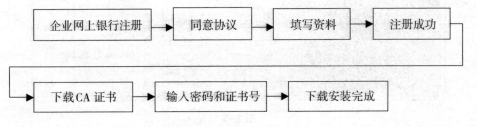

图 2-1

（1）进入电子银行首页，如图 2-2 所示；点击"企业网上银行注册"，同意协议，填写信息，点击"确定"系统自动完成 CA 证书的申请，给出银行账号、CA 证书编号和下载密码（同时把 CA 证书编号和下载密码发电子邮件到自己注册时候填写的信箱）。

图 2-2

（2）进入电子银行的首页，点击"企业银行证书下载"，输入 CA 证书编号和下载密码，把证书下载到本地，完成注册过程。

登录：

（1）进入电子银行首页，点击"企业网上银行登录"；

（2）系统显示 CA 身份验证框，如图 2-3 所示；企业选择合适的身份，银行通过身份验证；

　　　　　　　　　图 2-3

（3）银行通过验证后，提示用户编号和密码，企业点击"确定"可以登录银行。

我的账户：可查看和修改本账户。

选择账户号码，点击"查看资料"可以选择查看修改我的账户中的资料；

存款业务：为账户添加存款。

（1）点击电子银行\存款业务；

（2）填写存入金额和支付密码，点击"确定"；

转账业务：为储户提供转账功能。

（1）点击电子银行\转账业务；

（2）填入转出账号和金额，点击"确定"即可完成转账业务。如图 2-4：

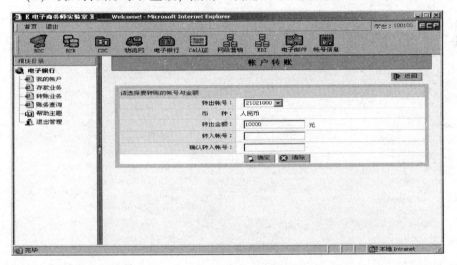

图 2-4

账务查询：可查看用户账户的信息，包括：余额查询、交易明细查询、转账业务查询、电子支付查询。

二、个人网上银行

为个人提供银行账号开户，存款等服务。让学生拥有自己的网上银行账号，并用于系统内的各种网上支付活动，基本功能同企业网上银行。

三、网上商城

为网上商店提供银行账号开户、存款等服务。让学生在 B2C 的网上交易中使用电子支付功能。基本功能同企业网上银行。

🖋 重点及注意事项

进入电子银行的首页，点击"企业银行证书下载"，输入 CA 证书编号和下载密码进行下载，如证书编号和下载密码忘记，可登录电子邮件进行查询。

项目三 CA 认证模拟实训

🎯 任务描述

国通×××是一家从事图书销售行业的公司，王志是该公司的电子商务专员，公司由于业务的需要，需要申请一个 CA 证书。经理便把这个任务交给了王志，假如你是王志，请你在实验室完成此任务。（×××代表学号后三位，其他信息自定义）

🎯 学习目标

（1）了解 CA 认证的概念；
（2）了解电子商务的安全问题和相关技术；
（3）能够申领、安装和使用各种安全证书。

任务准备

一、电子商务认证授权机构（CA，Certificate Authority）

也称为电子商务认证中心，是负责发放和管理数字证书的权威机构，并作为电子商务交易中受信任的第三方，承担公钥体系中公钥的合法性检验的责任。CA 认证，也称为数字证书认证中心，是基于国际互联网平台建立的一个公正、独立、有权威性、广受信赖的组织机构，主要负责数字证书的发行、管理及认证服务，以保证网上业务安全可靠地进行。

CA 中心为每个使用公开密钥的用户发放一个数字证书，数字证书的作用是证明证书中列出的用户合法拥有证书中列出的公开密钥。CA 机构的数字签名使得攻击者不能伪造和篡改证书。在 SET 交易中，CA 不仅对持卡人、商户发放证书，还要对获款的银行、网关发放证书。

CA 是证书的签发机构，它是 PKI 的核心。CA 是负责签发证书、认证证书、管理已颁发证书的机关。它要制定政策和具体步骤来验证、识别用户身份，并对用户证书进行签名，以确保证书持有者的身份和公钥的拥有权。

CA 也拥有一个证书（内含公钥）和私钥。网上的公众用户通过验证 CA 的签字从而信任 CA，任何人都可以得到 CA 的证书（含公钥），用以验证它所签发的证书。

如果用户想得到一份属于自己的证书，他应先向 CA 提出申请。在 CA 判明申请者的身份后，便为他分配一个公钥，并且 CA 将该公钥与申请者的身份信息绑在一起，并为之签字后，便形成证书发给申请者。

如果一个用户想鉴别另一个证书的真伪，他就用 CA 的公钥对那个证书上的签字进行验证，一旦验证通过，该证书就被认为是有效的。

为保证用户之间在网上传递信息的安全性、真实性、可靠性、完整性和不可抵赖性，不仅需要对用户的身份真实性进行验证，也需要有一个具有权威性、公正性、唯一性的机构，负责向电子商务的各个主体颁发并管理符合国内、国际安全电子交易协议标准的电子商务安全证，并负责管理所有参与网上交易的个体所需的数字证书，因此是安全电子交易的核心环节。

二、CA 认证-证书

证书实际是由证书签证机关（CA）签发的对用户的公钥的认证。

证书的内容包括：电子签证机关的信息、公钥用户信息、公钥、权威机构的签字和有效期等等。目前，证书的格式和验证方法普遍遵循 X.509 国际标准。

加密：将文字转换成不能直接阅读的形式（即密文）的过程称为加密。

解密：将密文转换成能够直接阅读的文字（即明文）的过程称为解密。

如何在电子文档上实现签名的目的呢？我们可以使用数字签名。RSA 公钥体制可实现对数字信息的数字签名，方法如下：

信息发送者用其私钥对从所传报文中提取出的特征数据（或称数字指纹）进行 RSA 算法操作，以保证发信人无法抵赖曾发过该信息（即不可抵赖性），同时也确保信息报文在传递过程中未被篡改（即完整性）。当信息接收者收到报文后，就可以用发送者的公钥对数字签名进行验证。

在数字签名中有重要作用的数字指纹是通过一类特殊的散列函数（HASH 函数）生成的。对这些 HASH 函数的特殊要求是：

（1）接受的输入报文数据没有长度限制；

（2）对任何输入报文数据生成固定长度的摘要（数字指纹）输出；

（3）从报文能方便地算出摘要；

（4）难以对指定的摘要生成一个报文，而由该报文可以算出该指定的摘要；

（5）难以生成两个不同的报文具有相同的摘要。

CA 认证–验证：

收方在收到信息后用如下的步骤验证您的签名：

（1）使用自己的私钥将信息转为明文；

（2）使用发信方的公钥从数字签名部分得到原摘要；

（3）收方对您所发送的源信息进行 hash 运算，也产生一个摘要；

（4）收方比较两个摘要，如果两者相同，则可以证明信息签名者的身份。

如果两摘要内容不符，会说明什么原因呢？

可能对摘要进行签名所用的私钥不是签名者的私钥，这就表明信息的签名者不可信；也可能收到的信息根本就不是签名者发送的信息，信息在传输过程中已经遭到破坏或篡改。

数字证书：

数字证书为实现双方安全通信提供了电子认证。在因特网、公司内部网或外部网中，使用数字证书实现身份识别和电子信息加密。数字证书中含有密钥对（公钥和私钥）所有者的识别信息，通过验证识别信息的真伪实现对证书持有者身份的认证。

使用数字证书能做什么？

数字证书在用户公钥后附加了用户信息及 CA 的签名。公钥是密钥对的一部分，另一部分是私钥。公钥公之于众，谁都可以使用。私钥只有自己知道。由公钥加密的信息只能由与之相对应的私钥解密。为确保只有某个人才能阅读自己的信件，发送者要用收件人的公钥加密信件；收件人便可用自己的私钥解密信件。同样，为证实发件人的身份，发送者要用自己的私钥对信件进行签名；收件人可使用发送者的公钥对签名进行验证，以确认发送者的身份。

在线交易中用户可使用数字证书验证对方身份。用数字证书加密信息，可以确保只有接收者才能解密、阅读原文，信息在传递过程中的保密性和完整性。有了数字证书网上安全才得以实现，电子邮件、在线交易和信用卡购物的安全才能得到保证。

认证、数字证书和 PKI 解决的几个问题？

保密性 – 只有收件人才能阅读信息。

认证性 – 确认信息发送者的身份。

完整性 – 信息在传递过程中不会被篡改。

不可抵赖性 – 发送者不能否认已发送的信息。

任务实施

一、CA 证书申请

CA 证书申请过程：点击"CA 证书申请"按钮，填写注册信息，完成注册。

二、CA 证书下载

CA 证书下载过程：点击"CA 证书下载"按钮，点击"下载"，下载在本地计算机。

三、CA 证书概述

详细介绍 CA 证书的概况。

重点及注意事项

如果没有对证书要求进行保存，可以直接点击"打开"，这样可以节省操作时间。

项目四　B2C 模拟实训

任务一　商户入驻

任务描述

　　李林想要开一家网上商店，于是到一知名电子商务网站申请成为特约商户，商户名称：×××商户，专卖商品类别为笔记本电脑，专卖店名称为×××专卖店，经营品牌为×××品牌。入驻商城后，对商店的模板、logo、banner 作了设t置，然后发布网店，并添加了一批新商品，商品名称为×××笔记本电脑，进货价 3000 元，市场价 5000 元，优惠价 4200 元。期初记帐为 30 台，开张第一天，就收到张远以"送货上门/网上支付"方式订购 15 台笔记本电脑的订单，李林受理该订单后，按照订单要求，将 15 台笔记本电脑发货给张远。请在电子商务实验室中模拟完成该实验。（注册信息中，×××为学号的后 3 位，其他信息自定义。）

学习目标

　　（1）掌握 B2C 基本概念，以及操作流程；
　　（2）熟悉网络开店的店面设置、初始化和商品录入。

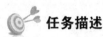

任务准备

一、什么是 B2C

　　B2C（Business to Customer）。B2C 的 B 是 Business，意思是企业，2 则是 to 的谐音，C 是 Customer，意思是消费者，所以 B2C 是企业对消费者的电子

商务模式。这种形式的电子商务一般以网络零售业为主，主要借助于 Internet 开展在线销售活动。目前，在 Internet 上遍布了各种类型的 B2C 网站，提供从鲜花、书籍到计算机、汽车等各种消费品和服务。这种模式基本上等同于电子化的零售，他随着互联网的出现而迅速发展起来。目前，各类企业在互联网上纷纷建立网上虚拟商场，从事网上零售业务。

二、B2C 电子商务的基本业务流程

B2C 电子商务的基本业务形式主要有商家自己进行网络直销和通过网上电子交易市场，其业务流程分别为：

1. 网络商品直销的流程

网络商品直销，是指消费者和生产者或商家，直接利用网络形式所开展的买卖活动。其示意图如图 4-1 所示

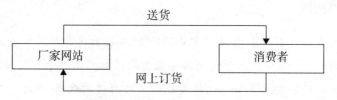

图 4-1　电子商务直销模式示意

这种交易的最大特点是供需直接见面、环节少、速度快、费用低。其流程如图 4-2 所示。

由图可以看出，网络商品直销过程可以分为以下 6 个步骤：

（1）消费者进入因特网，查看在线商品或企业主页；

（2）消费者通过购物对话框填写姓名、地址、商品品种、规格、数量等；

（3）消费者选择支付方式，如信用卡，也可选用借记卡、电子货币或电子支票等；

（4）在线商店或企业的客户服务器检查支付方服务器，确认汇款额是否被认可；

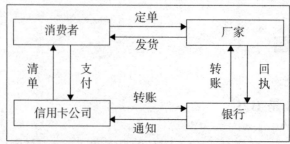

图 4-2　网络商品直销的流转程序

（5）在线商店或企业的客户服务器确认消费者付款后，通知销售部门送货上门；

（6）消费者的开户银行将支付款项传递到消费者的信用卡公司，信用卡公司负责发给消费者收费清单。

为保证交易过程中的安全，需要有一个认证机构对在因特网上交易的买卖双方进行认证，以确认他们的真实身份。这时，图4-2演变为图4-3。

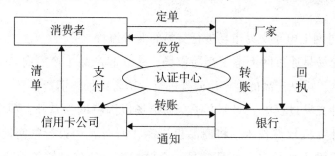

图4-3 交易过程

上述过程应当在 SET 协议下进行。在安全电子交易的四个环节中，即从消费者、商家、支付网关到认证中心，IBM、Microsoft、Netscape、SUN、Oracle 均有相应的解决方案。

网络商品直销的诱人之处，在于它能够有效地减少交易环节，大幅度地降低交易成本，从而降低消费者所得到的商品的最终价格。在传统的商业模式中，企业和商家不得不拿出很大一部分资金用于开拓分销渠道。分销渠道的扩展，虽然扩大了企业的分销范围，加大了商品的销售量，但同时也意味着更多分销商的参与。无疑，企业不得不出让很大一部分的利润给分销商，用户也不得不承担高昂的最终价格，这是生产者和消费者都不愿看到的。电子商务的网络直销可以很好地解决这个问题：消费者只需输入厂家的域名，访问厂家的主页，即可清楚地了解所需商品的品种、规格、价格等情况，而且主页上的价格既是出厂价，同时也是消费者所接受的最终价。这样就达到了完全竞争市场条件下出厂价格和最终价格的统一，从而使厂家的销售利润大幅度提高，竞争能力不断增强。

从另一方面讲，网络商品直销还能够有效地减少售后服务的技术支持费用。许多使用中经常出现的问题，消费者都可以通过查阅从厂家的主页中找到答案，或者通过电子邮件（E-mail）与厂家技术人员直接交流。这样，厂家可以大大减少技术服务人员的数量，减少技术服务人员出差的次数，从而降低了企业的经营成本。网络商品直销的不足之处主要表现在两个方面。

（1）购买者只能从网络广告上判断商品的型号、性能、样式和质量，对

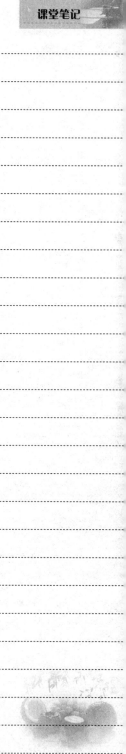

实物没有直接的感知，在很多情况下可能产生错误的判断，而某些生产者也可能利用网络广告对自己的产品进行不实的宣传，甚至可能打出虚假广告欺骗顾客；

（2）购买者利用信用卡进行网络交易，不可避免地要将自己的密码输入计算机，由于新技术的不断涌现，犯罪分子可能利用各种高新科技的作案手段窃取密码，进而盗窃用户的钱款，这种情况不论是在国外还是在国内，均有发生。

2. 通过网上电子交易市场进行交易的业务流程

这种交易是通过网上电子交易市场，建立起产品生产厂商与消费者之间的购物平台，再从产品的生产厂商处进货后销售给最终消费者。

在这种交易过程中，网上电子交易市场以因特网为基础，利用先进的通信技术和计算机软件技术，将商品供应商、消费者和银行紧密地联系起来，为消费者提供市场信息、商品交易、仓储配送、货代结算等全方位的服务。网上电子交易的市场交易的交易的流转程式可分为以下几个步骤：

（1）买卖双方将各自的供应和需求信息通过网络通知网上电子交易中心，网上电子交易市场通过信息发布服务，向参与者提供大量的、详细准确的交易数据和市场信息；

（2）买卖双方根据网上电子交易市场提供的信息，选择自己的贸易伙伴；

（3）网上电子交易市场从中撮合，促使买卖双方成交；

（4）买方在网上电子交易市场按市场支持的支付方式办理支付手续；

（5）指定银行通知网络交易中心买方货款到账；

（6）网上电子交易市场通知卖方将货物发送到设在离买方最近的交易中心配送部门；

（7）配送部门送货给买方；

（8）买方验证货物后通知网上电子交易市场货物收到；

（9）网上电子交易市场通知银行买方收到货物；

（10）银行将买方货款转交卖方；

（11）卖方将回执送交银行。

三、B2C 电子商务的模式

可以从不同角度对 B2C 的商务模式进行分类和探析。

（一）从企业和消费者买卖关系的角度分析

B2C 的商务模式主要分为卖方企业—买方个人的电子商务及买方企业—

卖方个人的电子商务两种模式。

（1）卖方企业—买方个人模式

这是商家出售商品和服务给消费者个人的电子商务模式。在这种模式中，商家首先在网站上开设网上商店。公布商品的品种、规格、价格、性能等，或者提供服务种类、价格和方式，由消费者个人选购，下订单，在线或离线付款，商家负责送货上门。买到价格较低的商品，节省购物的时间。当然这种电子商务的模式的发展需要高效率和低成本的物流体系的配合。这种方式中比较典型的代表就是全球知名的亚马逊网上购物商城（http://www. amazon. com）

（2）买方企业—卖方个人的电子商务

这是企业在网上向个人求购商品或服务的一种电子商务模式。这种模式应用最多的就是企业用于网上招聘人才。如许多企业在深圳人才网（http://www. szhr. com. cn）招聘各类人才。当今人才流动量大的社会中极为流行，因为它建立起了企业与个人之间的联系平台，使得人力资源得以充分利用。

（二）根据交易的客体分析

可把 B2C 电子商务分为无形商品和服务的电子商务模式以及有形商品和服务的电子商务模式。前者可以完整地通过网络进行，而后者则不能完全在网上实现，要借助传统手段的配合才能完成。

（1）无形商品和服务的电子商务模式

计算机网络本身具有信息传输和信息处理功能，无形商品和服务（如电子信息、计算机软件、数字化视听娱乐产品等）一般可以通过网络直接提供给消费者。无形商品和服务的电子商务模式主要有网上订购模式、广告支持模式和网上赠与模式。

①网上订购模式。消费者通过网络订阅企业提供的无形商品和服务，并在网上直接浏览或消费。这种模式主要被一些商业在线企业用来销售报纸杂志、有线电视节目等。网上订阅模式主要有以下几种：

在线出版（Online Publications）。出版商通过 Internet 向消费者提供除传统印刷出版物之外的电子刊物。在线出版一般不提供 Internet 的接入服务，只在网上发布电子刊物，消费者通过订阅可下载有关的刊物。这种模式并不是一种理想的信息销售模式。在当今信息大爆炸的时代，普通用户获取信息的渠道很多，因而对本来已很廉价的收费信息服务敬而远之。因此，有些在线出版商采用免费赠送和收费订阅相结合的双轨制，从而吸引了一定数量的消费者，并保持了一定的营业收入。

在线服务（Online Service）。在线服务商通过每月收取固定的费用而向消费者提供各种形式的在线信息服务。在线服务商一般都有自己特定的客户群体。如美国在线（AOL）的主要客户群体是家庭用户，而微软网络（Microsoft Network）的主要客户群体是Windous的使用者，订阅者每月支付固定的费用，从而享受多种信息服务。在线服务一般是针对一定的社会群体提供的，以培养消费者的忠诚度。在美国，几乎每台出售的电脑都预装了免费试用软件。在线服务商的强大营销攻势，使他们的用户数量稳步上升。

在线娱乐（Online Entertainment）。在线娱乐商通过网站向消费者提供在线游戏，并收取一定的订阅费，这是无形商品和服务在线销售中令人关注的一个领域，也取得了一定的成功。当前，网络游戏已成为网络会站的焦点之一，Microsoft、Excite、Infoseek等纷纷在网络游戏方面强势出击。事实上，网络经营者们已将眼光放的更远，通过一些免费或价格低廉的网上娱乐换取消费者的访问率和忠诚度。

②广告支持模式。在线服务商免费向消费者提供在线信息服务，其营业收入完全靠网站上的广告来获得。这种模式虽然不直接向消费者收费，但却是目前最成功的电子商务模式之一。Yahoo等在线搜索服务网站就是依靠广告收入来维持经营活动的。对于上网者来说，信息搜索是其在Internet的信息海洋中寻找所需信息最基础的服务。因此，企业也最愿意在信息搜索网站上设置广告，通过点击广告可直接到达该企业的网站。采用广告支持模式的在线服务商能否成功的关键是其网页能否吸引大量的广告，能否吸引广大消费者的注意。

③网上赠予模式。这种模式经常被软件公司用来赠送软件产品，以扩大其知名度和市场份额。一些软件公司将测试版软件通过Internet向用户免费发送，用户自行下载试用，也可以将意见或建议反馈给软件公司。用户对测试软件试用一段时间后，如果满意，则有可能购买正式版本的软件。采用这种模式，软件公司不仅可以降低成本，还可以扩大测试群体，改善测试效果，提高市场占有率。美国的网景公司（Netscape）在其浏览器最初推广阶段采用的就是这种方法，从而使其浏览器软件迅速占领市场，效果十分明显。

（2）有形商品和服务的电子商务模式。有形商品是指传统的实物商品，采用这种模式，有形商品和服务的查询、订购、付款等活动在网上进行，但最终的交付不能通过网络实现，还是用传统的方法完成。这种电子商务模式也叫在线销售。目前，企业实现在线销售主要有两种方式：一种是在网上开设独立的虚拟商店；另一种是参与并成为网上购物中心的一部分。有形商品和服务的在线销售使企业扩大了销售渠道，增加了市场机会。与传统的店铺销售相比，即使企业的规模很小，网上销售也可将业务伸展到世界的各个角落。网上商店不需要像一般的实物商店那样保持很好的库存，如果是纯粹的虚拟商店，则可以直接向厂家或批发商订货，省去了商品存储的阶段，从而大大节省了库存成本。

（三）根据实现的价值分析

（1）门户网站

门户网站是在一个网站上向用户提供强大的 web 搜索工具，以及集成为一体的内容与服务提供者。

在门户网站的发展中，逐渐形成了水平型门户网站和垂直型门户两大类型。水平型门户网站将市场空间定位于 Internet 上所有用户，如 Yahoo、美国在线、MSN 以及中国的新浪网、搜狐网、网易均属水平型门户网站。垂直型门户网站的市场空间定位于某个特定的主题和特定的细分市场。如美国的 iBoats.com，为美国划船消费市场的门户网站。在中国，如雅昌艺术网，将市场定位为大型艺术品，通讯资讯、交流、交易等各个方面功能的整合，将艺术机构的传统形象及服务带入互联网世界，建立多赢的商业模式。

门户网站的盈利模式主要依靠广告费、阅览费以及交易费等。但并非每个门户网站都能够有很好的收益。事实上，网络中有大量的门户型网站，但排名前十位的网站约占据了整个门户市场搜索引擎流量的 90%。究其原因，很多排名靠前的门户网站都是最早开展网上业务的，因而具有先行者的优势，从而不断积累产生非常好的品牌知名度。消费者信任可靠的网络服务提供商，如果要他们转移到其他网络服务商的网站，他们会承担更大的转移成本，因此使消费者对品牌门户网站更为偏好。

（2）电子零售商

电子零售商是在线的零售店，其规模个异，内容也相对丰富，既有像当当网一样大的网上购物商店，也有一些只有一个 web 网页的本地小商店。

由于电子零售具有为消费者节省时间、给消费者以方便、帮消费者省钱、向消费者送信息等优点，因此对于这种新的零售形式的诞生，无论国内还是国外，消费者都表现出了相当的热情。

电子零售商按照其来源和特征，可以分为以下五种类型。

①邮购商。原来从事目录邮购的企业，将产品发布方式转移到物联网上成为电子零售商。知名度高、邮购业务成熟的邮购商由于客户积累和经营，在电子商业中有优势。

②制造商直销。制造企业直销绕过批发商和零售商，直接与客户进行交易。

③虚拟电子零售商。虚拟电子零售商是直接通过互联网向客户零售商品的公司。

④鼠标加水泥零售商。鼠标加水泥零售商是指传统的实体商业企业，在原有的渠道外增加互联网向客户零售商品的公司。这种既经营实体商店又做网络销售的公司模式，称为多渠道销售模式。

⑤互联网集市。为电子零售商提供公共服务的平台企业。有两种类型：提供商业目录和服务共享购物中心。

任务实施

一、商户入驻

电子商城以柜台租赁的方式提供空间，给商户进行网上建店。商户入驻的过程就是在电子商城进行注册的过程。（注册前商户应该在"电子银行"模块注册申请自己的 B2C 特约商户），商户入驻的操作步骤如下：

（1）进入 B2C 首页，点击"商户登录"后，进入商户登录页面。

（2）点击"商户入驻"按钮，进入商户基本信息填写页面，如图 4-4。

4-4 商户基本信息填写页面

（3）填写完毕基本信息后，点击"下一步"。

（4）入驻完成。

二、初始化商店

商户入驻电子商城后，电子商城就为商户开辟了一个专柜，供商户销售商品。商户销售商品前需要初始化商店的数据，如商品录入，期初商品以及店面设置。

（1）商品录入。添加和发布商品信息。

（2）期初商品。登记新添加的商品数量，进入库存。

（3）店面设置。设置商户的付款方式、送货方式、售后服务说明等。

重点及注意事项

（1）"清除历史记录"指清除 URL 地址中存贮的地址条目。

（2）在设置"内容"选项卡时，注意密码的使用，一旦设置密码就要记好。

任务二　实训项目——会员购物

任务描述

请到电子商务师实验室中申请一张个人网上卡，存入 50000 元人民币。然后到网上商城以用户名 Marry×××注册为消费者会员，并以"送货上门/网上在线支付"方式购买摩托罗拉 388 手机。支付完毕后。通过定单查询功能确认定单。请在电子商务师模拟实验室中完成上述操作。所需其他信息自定义（×××代表学号的后三位）。

学习目标

（1）能够进行网络会员注册；

（2）能够进行商品的网络搜索；

（3）能够操作购物车；

33

（4）能够根据订单进行查询。

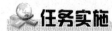

任务实施

商户通过后台的管理功能将产品发布到前台后，消费者就通过前台电子商城购物网站订购商品。前台购物网站的功能包括：搜索商品、会员注册、我的资料、购物车、订单查询等，见图4-5。

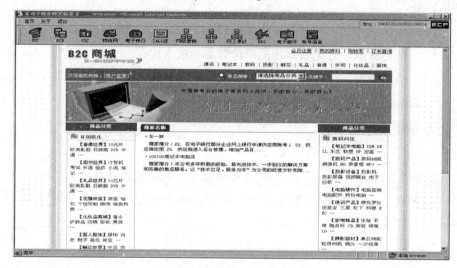

图4-5

B2C 前台购物流程如下：

（1）消费者注册成为电子商城的会员；

（2）消费者搜索商品；

（3）消费者把选购的商品放入购物车；

（4）消费者进入结算中心，通过电子支付结算账单；

（5）购物完成，等待商家送货。

一、会员注册

消费者注册成为电子商城的会员。电子商城的会员可以在任何一个柜台进行购物。注册流程如下：

点击"B2C"首页，选择"会员注册"进入会员注册页面，

（1）填写用户名，然后点击"下一步"，进入用户基本信息页面；

（2）填写用户基本信息，带"＊"号的为必填项，填写完毕后，点击下一步；

（3）注册完成。

二、搜索商家

搜索商家用户在 B2C 商城首页可以根据商家名称进行搜索。

三、搜索商品

搜索商品可以根据商品分类和名称进行搜索。

四、购买商品

消费者从销售柜台中选购产品，并放入购物车，如图 4-6。

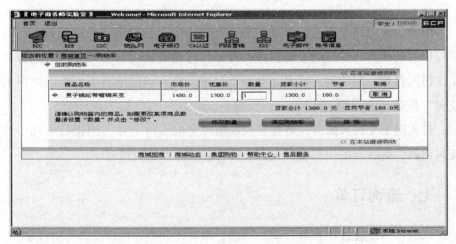

图 4-6

如果要继续结账，则点击购物车页面（图 4-6）右上方的"在本站继续购物"链接；

如果要修改商品数量，则填入数量，然后点击"修改数量"按钮；

如果要删除购物车的商品，则点击"取消"按钮；

如果要清空购物车的所有商品，则点击"清空购物车"按钮；

确定购物后，点击"结账"按钮，进入结算中心。

五、结算订单

结算流程如下：

（1）消费者在购物车页面点击"结账"按钮后，进入结算中心登录页面。

35

（2）填写"会员名"及"密码"，点击"进入结算中心"。

（3）选择所要进行结算的订单，而后点击"进行结算"。

（4）进入选择"送货方式"及"支付方式"选择完毕后，点击"下一步"。

（5）在此填入"收货人信息"，点击"下一步"，进入购买商品最后确定。

（6）当您确认各项订单信息后，点击"确认我的订单"。

（7）完成订购系统显示本次购物的订单号，点击"进行网上支付"，进入网上支付流程。

六、网上支付

消费者使用网上支付，需要在电子银行的个人网上银行开设账户。消费者可以有两种方式进行网上支付：一种是在订购完成后，立即点击"进行网上支付"按钮；另一种方法是通过查询订单，在订单明细页面，点击"网上支付"按钮，进行网上支付。

进入网上支付页面后，消费者只要填写您的支付卡号（即银行账号）和支付密码，然后点击"提交"按钮，即可完成网上支付过程。

七、查询订单

采购者可以通过"查询订单"功能，来查询订单处理情况和历史订单。

（1）采购者在 B2C 购物网站首页，点击"查询订单"；

（2）输入已注册的"用户名"及"密码"提交后，进入订单查询页面。

（3）在此可以根据交易时间及订单号进行查询，并对未进行网上支付的交易进行网上支付。

（4）采购者可以根据实际情况，对支付模式、配送模式和收货地址相同订单进行合并申请，商店管理员确认后，支付模式、配送模式和收货地址相同订单合并成一个订单。

八、我的资料

采购者在此修改自己的注册信息。在 B2C 购物网站首页，点击"我的资料"链接；在用户登录页面，输入用户名和密码，点击"提交"，进入用户资料修改页面；修改完资料后，点击"提交"按钮，完成资料修改。

重点及注意事项

（1）消费者购物前，需要到电子银行的个人网上银行开设账户，这样就可以通过电子支付结算账单了。

（2）结算时，如果同时购买了 2 家不同商户的商品，需要根据不同的商户进行自动分单结算。

任务三　实训项目——B2C 后台管理

任务描述

王力想到网上开一家网上商店，网店名称为×××shop，经营的商品为×××product。期初商品库存为 100 件，为了随时监控库存数据，请对库存作预警设置：设置库存上限为 80 件，下限为 10 件，并查询溢货数量。个人×××王，申请注册为个人会员，并首先开立银行账户，存入 5000 元。他在网店×××store 进行购物，并进行在线支付，网店受理该购物申请，并确认，最后发送货物。

学习目标

（1）熟悉网店的设置；

（2）进行商品管理、期初数据处理；

（3）进行采购管理；

（4）进行销售管理；

（5）进行库存管理；

（6）进行客户管理；

（7）进行应收款、应付款查询操作。

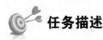**任务准备**

B2C 后台管理是提供给商户管理商店的"进销存"功能模块，其中包括的功能有：商品管理、期初数据、采购管理、销售管理、库存管理、商店管

理、客户管理、应收款明细、应付款明细、我的资料等。B2C 后台管理的整体流程见图 4-7：

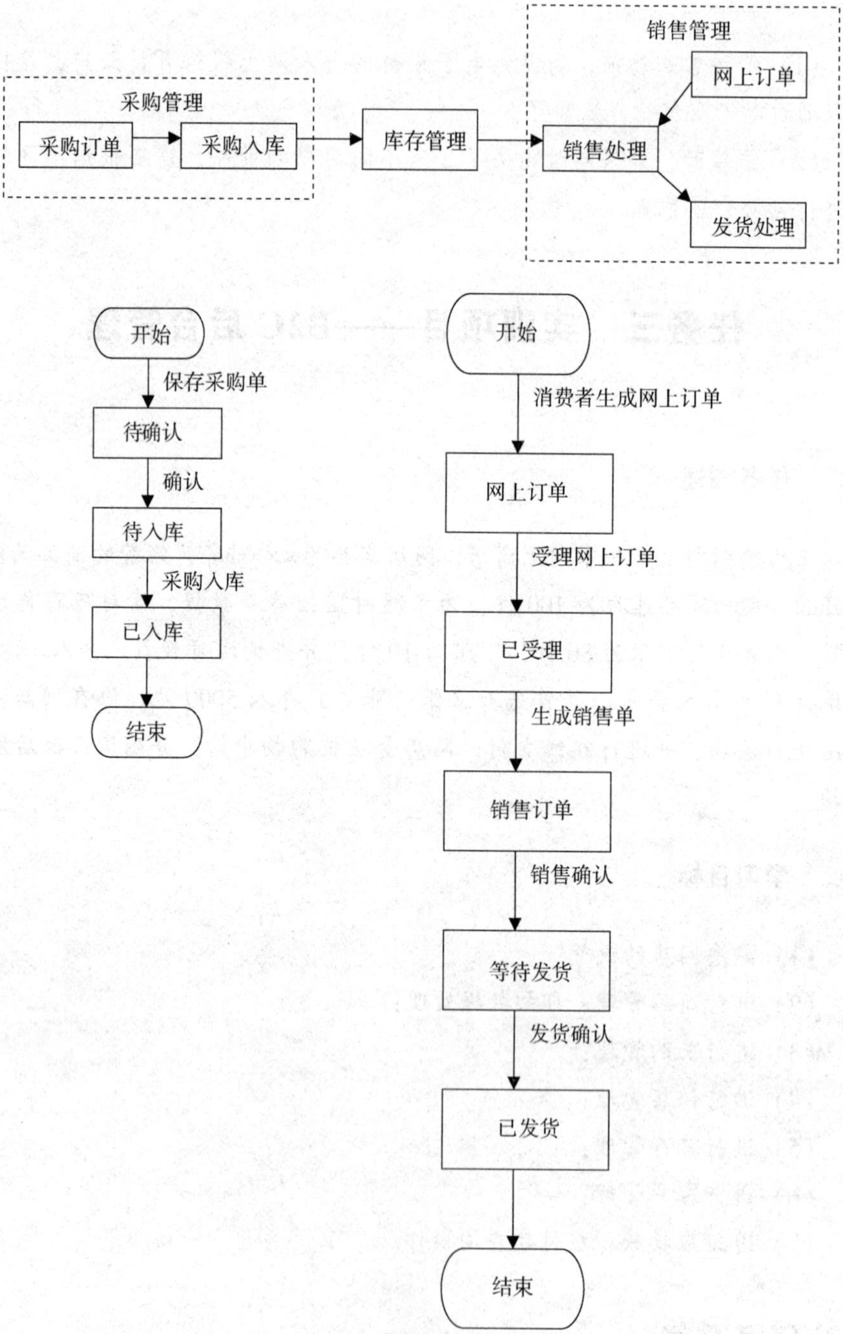

销售管理

采购管理

采购订单 → 采购入库 → 库存管理 → 销售处理

网上订单

发货处理

开始

↓ 保存采购单

待确认

↓ 确认

待入库

↓ 采购入库

已入库

↓

结束

开始

↓ 消费者生成网上订单

网上订单

↓ 受理网上订单

已受理

↓ 生成销售单

销售订单

↓ 销售确认

等待发货

↓ 发货确认

已发货

↓

结束

图 4-7

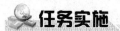

任务实施

一、商店管理

商户在 B2C 商店管理后台设置好网站的基础信息、Logo、Banner、模板样式来显示个人网上商店的个性页面，显示的内容还包括商品信息列表、文字广告和按钮广告。

（1）网店模板：系统提供网站的 3 种模板，商户可以依据自己的风格所好选择网站的模板形式。

（2）网店 Logo：在网站设计中 logo 的设计是不可缺少的一个重要环节。Logo 是一个网站的标志，网站特色和内涵的集中体现，用户可以将自己定制的图片上传作为网店的 Logo。

（3）网店 Banner：网店 Banner 是网站顶部的横幅广告，Banner 的对网站页面是否吸引浏览者的眼球有着重要的作用，用户可以将自己定制的图片上传作为网店的 Banner。

（4）发布网店：用户按照建店的流程一步步设置好（包括网店模板，Logo，Banner，配送说明，支付说明），就可将网站发布到前台显示。如果用户缺少了其中的一个步骤，则不能发布网站。可以修改网站信息，重新发布；对发布的网站也可取消其发布，这样它就不在前台商品列表中显示。

发布成功后，从前台点击进入该网店查看。

（5）配送说明：商户根据需要填写相应的配送方式，填写完成后，方便用户购买商品时查看配送方式。

（6）支付说明：商户根据实际情况填写相应的支付方式，填写完成后，方便用户购买商品时候能了解商家所规定的支付方式。

（7）文字广告：文字广告让用户以文字形式介绍自己的商店和商品，网站提供了 4 种文字广告的前台显示位置，用户上传广告时可以根据自己的所好选择显示位置。对上传的文字广告如果不满意，可以修改或删除，重新发布网站使修改生效。

（8）按钮广告：按钮广告是从 Banner 广告演变过来的一种广告形式，图形尺寸比 Banner 要小。商户可将自己做好的图片上传，还可选择显示在前台网页上的不同位置。对上传的按钮广告如果不满意，可以修改或删除，重新发布网站使修改生效。

（9）发布到搜索引擎：商户可以将网上商店的名称、介绍和关键词搜索发布到搜索引擎，这样在网络营销模块的搜索引擎中就能查询到该网店的内容。此处发布的网站属于免费网站，搜索级别较低。可以对发布的网站搜索引擎信息修改重新发布。

二、商品管理

商品管理是用于发布商品到前台购物网站，以及维护商品基本信息，如图4-8所示：

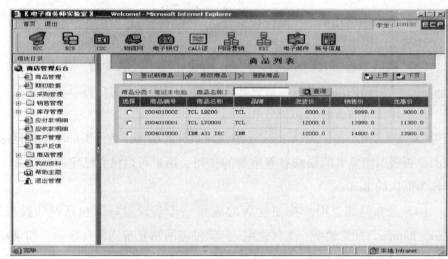

图 4-8

（1）登记新商品：用于添加新商品并发布到前台购物网站。操作流程如下：

①点击"登记新商品"，进入商品添加页面；

②填写完毕内容后确认，新商品即时自动发布到B2C页面，完成新商品的添加。

（2）修改商品：用于修改已发布商品的基本信息，包括商品介绍和价格调整。操作流程如下：

②在商品列表中选择要修改的商品，然后点击"修改商品"；

②在商品修改页面，更新商品信息，然后点击"确认"，保存更新后的商品信息。

（3）删除商品：用于删除已发布的商品。操作流程如下：

①在商品列表中选择要删除的商品；

②然后，点击"删除商品"按钮，即可删除商品。

三、期初商品

期初商品就是在商户第一次营业前，把当前商品的数量登记入库存，即初始化库存。

点击期初商品，显示如图 4-9 所示页面：

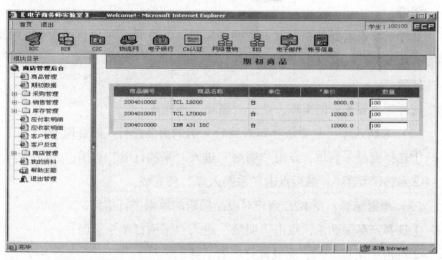

图 4-9

期初商品的操作流程如下：

（1）商品列表中输入商品数量，然后点击"保存"按钮，保存修改；

（2）当所有商品的数量输入并保存后，点击"记账"按钮，系统将自动将商品的数量登记入库存中；

（3）期初商品完成。

四、采购管理

采购管理用于采购商品，并把采购的商品登记入库。采购管理的功能包括采购订单、采购入库、单据结算、单据查询组成。

采购流程如下：B2C 商户在缺货的情况下，进行采购，先进入采购订单模块下订单，再对下的订单进行入库处理，然后对订单进行结算，完成整个采购流程。

（1）采购订单：B2C 商户在库存不足时提交采购订单，购入充足的商品以保障 B2C 交易的正常进行。

新单：

①进入"新单"的"增加商品"；

②添加完需采购的商品后，点击"确定"；

③进入"新建采购订单"页面，在此填写交货方式、结算方式、商品数量等各项相关信息后，点击"保存新单"便完成。

明细：

选择所要查看的单据，点击"明细"进入，在里面可以修改单据的基本内容，修改完毕后，点击"确定"便完成。

删除：

选择您所要删除的单据，点击"删除"便完成。

（2）采购入库：主要是对 B2C 商户采购的商品进行入库管理。

①选择商品采购单，点击"明细"进入"采购订单"页面；

②点击"结算"，然后点击"采购入库"便完成。

（3）单据结算：是 B2C 商户对商品采购的单据进行结算。

①选择产品采购单，点击"明细"进入"采购订单"页面；

②点击"结算"后，完成此订单的结算。

（4）查询订单：是 B2C 商户对采购订单的查询。

①单据号查询，填入您所需要查询的单据号，点击"查询"。

②供应商查询，填入您所要查询的供应商名称，点击"查询"。

③单据日期查询，选择您所要查询的单据生成日期，点击"查询"。

五、销售管理

此模块主要是 B2C 商户与 B2C 的采购者之间的交易单据，从 B2C 商户商店管理模块可以看到采购者购买商品所下的订单，并且对订单进行操作。商店管理主要由网上订单、销售订单、发货处理、单据查询等模块组成。

流程说明如下：B2C 采购者前台购物下订单，B2C 商户在网上订单模块接受订单，然后对订单状态为"待处理"的订单进行处理，确认后，订单变为销售单。B2C 商户在银行中确认 B2C 采购者已经付款，在销售订单模块中进行"结算"确认。经过结算确认的订单就可以到发货处理中进行发货，完成与 B2C 采购者的交易。

点击首页/商户登录/销售管理

（1）网上订单：B2C 采购者购买的采购订单在该模块处理，如图 4-10；从中可以知道采购者的采购情况及基本信息。当 B2C 商户货源不足情况下可以即时地对商品进行"生成采购单"，当"受理"此订单后，订单便进入"销售订单"中。

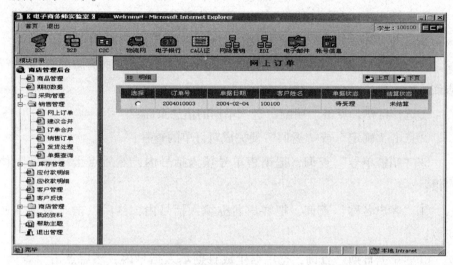

图4-10

①进入单据明细，如果库存不足则点击"生成采购单"进行采购补充库存；

②页面进入"采购订单"；

③如不接受则点击"作废"；

④如接受该订单点击"受理"便生成销售订单。

建议合并：

当B2C采购者在商品采购中连续购买商品，该采购者下了两个或两个以上的订单，支付模式和配送模式选择一样的订单并且每个单据的交易的状态都属于未发货，作为商品或者网店的管理者可以通过后台管理将这些订单合并成一个订单，节约管理成本。

①商店管理员在建议合并中查看符合订单合并条件的订单，选择合适条件的订单，点击"建议合并"给采购者发送订单合并建议；

②采购者在B2C首页订单查询中反馈订单合并意见；

③如果采购者同意，商店管理员在订单合并中对采购者同意的合并订单进行确认，形成一个订单，同时旧的订单被删除。

（2）销售订单：B2C商户对B2C的采购者的采购订单进行"结算"及"确认"。

①选择订单后，点击"明细"进入结算页面；

②点击"结算"后完成对订单的结算；

③再次进入此单据明细，点击"确定"后，交易才算完成，订单转入

"发货处理"。

（3）发货处理：是对已"确认"的"销售订单"进行发货处理。

①选择订单，点击"明细"进入发货处理页面；

②点击"确认发货"完成与B2C的采购者的交易。

（4）单据查询：是对B2C商户与采购者之间的各种状态的订单进行查询。

①选择订单，点击"明细"进入单据的信息页面；

②点击"确定"或"返回"便完成对订单的查看；

③"销售单号"查询，把销售单号填入括号内，然后点击"查询"便可以；

④"客户名称"查询，把客户名称填入括号内，然后点击"查询"便可以；

⑤"单据日期"查询，把单据生成日期填入括号内，然后点击"查询"便可以。

六、库存管理

此模块是B2C商户对仓库中的商品进行管理，主要包括库存查询、预警设置、缺货查询、溢货查询等模块组成。

点击首页/商户登录/库存管理。

库存查询：主要是对仓库的商品库存进行查询。

（1）选择商品名称，点击"商品明细"进入商品明细页面；

（2）"商品分类"查询，选择商品的类别，点击"查询"便完成查询；

（3）"商品名称"查询，填入商品的名称，点击"查询"便完成查询。

预警设置：是对仓库商品的库存量的上限及下限作预警设置，从而可以对仓库的商品管理做到自动库存管理。

（1）选择要设置的商品，点击"预警设置"，进入设置页面；

（2）在此设置库存的上限及下限；

（3）点击"确定"后完成对商品的预警设置。

缺货查询：对已缺商品进行查询。

（1）"商品分类"查询，选择商品的类别，点击"查询"便完成查询；

（2）"商品名称"查询，填入商品的名称，点击"查询"便完成查询。

溢货查询：对已高出饱和的商品作查询。

（1）选择商品名称，点击"商品明细"进入商品明细页面；

44

（2）"商品分类"查询，选择商品的类别，点击"查询"便完成查询；

（3）"商品名称"查询，填入商品的名称，点击"查询"便完成查询。

盘点录入：是对现在库存商品进行数量的清点，主要是实际商品库存数量与账面数量的核对工作。

（1）点击"盘点录入"，进入盘点录入页面；

（2）输入仓库商品实际盘点的数量、盘点人，选择盘点日期，点击"生成盘点表"；

☙ **提示**：盘点日期不能大于当前日期。

（3）检查输入的商品实盘数，点击"调整库存"，则完成盘点录入操作，此时库存数量调整为盘点数。

盘点查询：是对盘点记录的查询。用户选择不同的时间查询盘点记录，也可以选择具体的盘点记录查询明细。

应付款明细：主要是针对B2C的采购者下的订单作收款管理，从中可以对未发货的订单进行发货。

应收款明细：主要是B2C商户在采购库存商品时的付款明细。

七、客户管理

点击首页/商户登录/客户管理。

该模块可以看到客户（B2C的采购者）的基本信息明细，并且B2C商户也可以查看与客户的交易历史情况。

客户明细：选择要查看的客户明细，点击"客户明细"按钮就可以查到本商户的购物者的信息。

查看交易历史：选择要查看的客户，点击"查看交易历史"按钮，可以查看该采购者的交易情况。

八、商店管理

B2C商户对自己本商店的管理，主要有公司简介、配送说明、支付说明、售后服务等模块组成。

点击首页/商户登录/商店管理。

公司简介：从该模块可以编写对本公司的简介。

（1）点击进入后，可对公司简介进行修改；

（2）修改完毕后，点击"修改"便完成对简介内容的修改。

配送说明：说明各种配送的方法。

（1）点击进入后，对各送货方式、费用、时间、说明均可进行修改；

（2）修改完毕后，点击"提交设置"便完成对配送说明的修改。

支付说明：说明各种支付的方法。

（1）点击进入后，对"发送给客户的信息"均可以修改；

（2）修改完成后，点击"修改"便完成对支付说明的修改。

售后服务：说明本公司的售后服务宗旨。

（1）点击进入后，对"售后服务说明"进行修改；

（2）修改完成后，点击"修改"便完成。

九、我的资料

点击首页/商户登录/我的资料。

在本模块可以查看本商户的注册信息。

重点及注意事项

（1）删除商品时，如果还有包含该商品未完成的销售订单或者采购单，系统将拒绝删除商品。建议不要轻易删除商品。

（2）期初商品只需要做一次。

（3）期初商品时，需要先保存商品期初数量，后期初记账。这样做的目的是为了能多次输入商品期初数量，然后进行一次期初记账。

项目五　C2C 交易模拟实训

任务描述

李玲有一款全新的录音笔想在网上拍卖，她将该商品登记在×××录音笔目录下，设置拍卖商品名称为×××录音笔，起拍价为 100 元，底价为 300 元，商品在线 5 天，一网友见到这款商品后以 301 元的价格成功拍得该商品。请在电子商务师实验室中模拟完成以上操作（×××代表学生学号的后三位其他信息自定义。）

学习目标

(1) 了解 C2C 模式电子商务的内涵和本质；

(2) 了解 C2C 前台业务流程及后台管理。

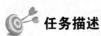

任务准备

一、什么是 C2C

C2C 同 B2B、B2C 一样，都是电子商务的几种构成成份之一。C2C 实际上是电子商务一个专业术语，C2C 即 C To C，因为在英文中的 2 的发音同 to，所以 C to C 简写为 C2C。C 指的是消费者，因为消费者的英文单词是 Consumer，所以简写为 C。C2C 的意思就是消费者（Consumer）与消费者（Consumer）之间的电子商务。打个比方，比如一个消费者有一台旧电脑，通过网上拍卖，把它卖给另外一个消费者，这种交易类型就称为 C2C 电子商务。C2C 交易是电子商务中最活跃的交易行为，几乎每秒钟都有人在 C2C 网站达成商品交易。简单地讲，C2C 网站就是为个人商品交易提供平台的网站。目前比较有名的 C2C 网站有淘宝网、易趣网、拍拍网等。

二、电子交易平台供应商对 C2C 的影响

C2C 是消费者对消费者的交易模式，其特点类似于现实商务世界中的跳蚤市场。其构成要素，除了包括买卖双方外，还包括电子交易平台供应商，也即类似于现实中的跳蚤市场场地提供者和管理员。

在 C2C 模式中，电子交易平台供应商扮演着举足轻重的作用。

首先，网络的范围如此广阔，如果没有一个知名的、受买卖双方信任的供应商提供平台，将买卖双方聚集在一起，那么双方单靠在网络上漫无目的的搜索是很难发现彼此的，并且也会失去很多的机会。

其次，电子交易平台提供商往往还扮演监督和管理的职责，负责对买卖双方的诚信进行监督和管理，负责对交易行为进行监控，最大限度地避免欺诈等行为的发生，保障买卖双方的权益。

再次，电子交易平台提供商还能够为买卖双方提供技术支持服务。包括帮助卖方建立个人店铺，发布产品信息，制定定价策略等；帮助买方比较和选择产品以及电子支付等。正是由于有了这样的技术支持，C2C 的模式才能够短时间内迅速为广大普通用户所接受。

最后，随着 C2C 模式的不断成熟发展，电子交易平台供应商还能够为买卖双方提供保险、借贷等金融类服务，更好地为买卖双方服务。

因此，可以说，在 C2C 模式中，电子交易平台提供商是至关重要的一个角色，它直接影响这个商务模式存在的前提和基础。

人们在讨论 C2C 电子商务模式的时候，总会从商品拍卖的角度分析该模式存在的合理性和发展潜力，但是往往忽略了电子交易平台供应商的地位和作用。

可以说，单纯从 C2C 模式本身来说，买卖双方只要能够进行交易，就有盈利的可能，该模式也就能够继续存在和发展；但是，这个前提是必须保证电子交易平台供应商实现盈利，否则这个模式就会失去存在发展的基础。

因此，我们分析 C2C 模式，应当更加关注电子交易平台供应商的盈利模式和能力，这才是 C2C 模式的重点，也是 C2C 模式区别于其他模式的重要特点。

三、C2C 的发展潜力

从理论上来说，C2C 模式是最能够体现互联网的精神和优势的，数量巨大、地域不同、时间不一的买方和同样规模的卖方通过一个平台找到合适的

对家进行交易，在传统领域要实现这样大工程几乎是不可想像。同传统的二手市场相比，它不再受到时间和空间限制，节约了大量的市场沟通成本，其价值是显而易见的。

从实际操作来说，C2C 具有两方面可操作性。

首先，C2C 能够为用户带来真正的实惠。

C2C 电子商务不同于传统的消费交易方式。过去，卖方往往具有决定商品价格的绝对权力，而消费者的议价空间非常有限；拍卖网站的出现，则使得消费者也有决定产品价格的权力，并且可以通过消费者相互之间的竞价结果，让价格更有弹性。因此，通过这种网上竞拍，消费者在掌握了议价的主动权后，其获得的实惠自然不用说。

其次，C2C 能够吸引用户。

打折永远是吸引消费者的制胜良方。由于拍卖网站上经常有商品打折，对于注重实惠的中国消费者来说，这种网站无疑能引起消费者的关注。对于有明确目标的消费者（用户），他们会受利益的驱动而频繁光顾 C2C；而那些没有明确目标的消费者（用户），他们会为了享受购物过程中的乐趣而流连于 C2C。如今 C2C 网站上已经存在不少这样的用户。他们并没有什么明确的消费目标，他们花大量时间在 C2C 网站上游荡只是为了看看有什么新奇的商品，有什么商品特别便宜，对于他们而言，这是一种很特别的休闲方式。因此，从吸引"注意力"的能力来说，C2C 的确是一种能吸引"眼球"的商务模式。

四、中国 C2C 模式发展存在的问题

C2C 模式虽然具有很大的发展潜力，但是在它仍然面临许多问题，并且，这些问题如果不能得到妥善的解决，将可能影响和制约 C2C 电子商务的发展。

（1）法律制度的完善

网上交易、电子商务都是近几年才出现的新鲜事物，各国都在积极探讨制定合适的法律来规范电子商务的行为。而目前，由于法律的不完善，不仅使参与网上交易的个人、企业的权益得不到保障，更会使网上拍卖成为一种新的销赃手段。

（2）交易信用与风险控制

互联网跨越了地域的局限，把全球变成一个巨大的"地摊"，而互联网的虚拟性决定了 C2C 的交易风险更加难以控制。同样以易趣为例，根据统计，在其每二万五千件交易中就会发生一起诈骗案件。网络诈骗在 C2C 方面已经

课堂笔记

到了比较严重的地步。这时，电子交易平台提供商必须扮演主导地位，必须建立起一套合理的交易机制，一套有利于交易在线达成的机制。

（3）在线支付方式需完善

目前，从网站上的交易来看，B2C 只有不到 20% 是通过网上支付实现的，货到付款几乎占据 80% 以上。而 C2C 的网上支付比例就更低了，目前而言买卖双方通过网下直接面对面交易是主流，电子交易平台供应商根本无法对交易进行控制。如果说通过网上支付进行交易，网站收取交易佣金不存在太多障碍的话，从网下交易中收取佣金的可能性就不大了。这主要是因为目前国内信用卡用户规模还不大，而且国内的金融结算体系还不能完全适应电子商务的要求，其安全性不够，没有完备的认证体系，无法消除用户对交易安全性的顾虑。

（4）消费习惯有待改变和培养

电子商务在中国出现毕竟只有短短数年时间，除了受过专业教育的白领、乐于尝试新鲜事物的年轻人，很少有人愿意接受在线购物的消费方式。并且，国人的计算机使用能力和水平也制约了 C2C 电子商务的发展。这些，需要时间来对消费者进行培训，对市场进行培养。

（5）经济实力的局限性

不可否认，我国平均经济水平仍然不高，国人手中真正有较高的利用价值的二手商品并不多。纵观易趣网站，很大一部分是商家借这个平台在推销其产品，包括全新的、翻新的、水货甚至假货等等。而由于经济水平不高，即便是二手货物，在网上的报价依然很高，完全没有体现出二手物品的价格优势。不高的性价比，让很多人对二手货物失去兴趣。这些，直接影响了国内 C2C 市场的进一步健康发展。

五、中国 C2C 发展前景分析

C2C 电子商务模式在中国有很大的发展空间，有中国庞大的用户群作基础，中国的 C2C 运营商一定能够有所作为。

（1）国内会产生数个规模相当、具备影响力、受消费者信赖的电子交易平台提供商。

通过残酷的竞争，实力不够、服务不完善、品牌建设不合理、技术能力低的提供商必然遭到淘汰。国内会产生数个规模相当、具备影响力、受消费者信赖的电子交易平台提供商。

（2）多种支付手段将得到广泛的应用。

伴随信用卡使用的推广以及技术的提高，在线支付必将在 C2C 领域内得到广泛的应用。有了这样先进的支付方式，供应商能够更好地控制交易风险，评估用户信用程度，同时也能获得更多的盈利。

在企业电子商务领域，8848 已经为登陆其平台的企业开通了电子支付接口，方便他们更好地开展业务。

（3）电子交易平台提供商将在政策允许的框架内开展有针对性地金融服务业务。

信用风险问题如何解决？人们道德素质的提高、经济能力的提升固然是很重要的方面。换个角度考虑，平台供应商同样可以采用多种方式来帮助用户避免风险。如开展信用贷款、在线交易保险等金融服务类方式。相信随着电子商务的不断发展，会有更多的服务可以提供给用户。

六、C2C 模式下的网络拍卖

网络拍卖是一种新兴的电子商务模式，其最大优势在于充分利用了互联网的快捷、低成本、广域性等特点，将拍卖这种原本运作复杂的交易方式简单化、平民化，从而使更广大的人群参与到拍卖中来成为可能。它的创始者和最成功的典范是美国 e-Bay 公司，该公司从 1995 年成立至今已成交物品突破 2500 万件。网络拍卖正是以其简易化、平民化的优势，迅速风靡了美国，并很快蔓延到全世界。我国的网络拍卖开始于 1999 年，虽然起步较晚，但发展却相当迅速，目前已有中拍网（http://www.a123.com.cn）、雅宝、网猎、网易、易趣、搜狐、新浪、酷必得等百余家网站参与其中，其间不仅有专业拍卖网站，更有综合性的门户网站和其他类型网站。网络拍卖已经成为各网站借以吸引网民关注、提升人气的重要手段之一。

（一）网络拍卖的定性问题

网络拍卖在不同的网站可能有不同的名称，比如"竞买"、"竞卖"、"竞价"、"竞标"、"竞购"、"倒置式竞买"等。名目虽然繁多，但这些名称不同的交易模式都采用了同一种定价机制——价格竞争机制，因此，也称为竞价交易。

竞价交易模式在传统经济条件下就已存在。它是指通过价格的竞争机制使价格在买卖方之间达到最终均衡的交易模式。竞价交易根据价格的走向可以分为竞高价交易和竞低价交易，其中竞高价交易的代表就是拍卖。《拍卖法》第三条规定："拍卖是指以公开竞价的形式，将特定物品或者财产权利转让给最高应价者的买卖方式。"

网络中的"竞买"、"竞卖"、"竞价"、"竞标"、"竞购"等竞价交易，同样也是公开竞价、物归最高应价者，本质上难脱拍卖的几个特点，只是因为利用了互联网这一新兴媒介，在表象上与传统拍卖有些不同，是荷兰式拍卖的网络版而已。

此外还有一种网络交易模式值得一提，就是"集体议价"。经常有人把它也看作是拍卖，或看作是拍卖的变异，其实这种观点是错误的。集体议价与拍卖之间是风马牛不相及的。集体议价采用的多为C2B模式，它强调的是"汇聚需求"，即一件商品先确定一个初始价，此后每增加一个购买需求或需求每汇聚到一定程度，商品的价格便下降一个阶梯。之所以说集体议价不是拍卖，是因为在集体议价中并无竞价的过程。竞价需要买卖的双方当事人中至少有一方是两人以上，并且这同一方的两人之间要存在利益的竞争关系，这样才能形成价格上的"竞"。而集体议价中虽然买方为两人以上，但其相互之间的价值取向是一致的，即汇聚需求以达到降低卖方价格的目的，彼此之间没有竞争的关系，所以不是竞价，自然更不是拍卖或拍卖的变异了。当然集体议价也不是网络商凭空发明出来的，在传统经营中我们也能找到它的影子——批发。批发中卖方的薄利多销与集体议价中卖方的规模降价在本质上是一致的，只不过集体议价中多了一个买方汇聚需求、聚沙成塔的过程。

网站经营者在拍卖过程中究竟处于什么样的地位呢？它仅仅是提供类似于交易场所的电子平台吗？目前的网络拍卖存在A、B两种基本模式。A模式的运作规程、运作理念与《拍卖法》所规定的拍卖基本一致，网络经营者起着拍卖公司的作用，即先接受委托，对拍品的质量、权属进行审查，然后再在网站上以自己的名义进行拍卖，并收取佣金。这种模式直接适用《拍卖法》即可。B模式是卖方直接将拍品的信息上传到拍卖网站，然后拍卖的一切过程由网站程序自动完成，不再有网站方的人工介入与审查。

由于网站方提供的并不是一块能够由交易者自由使用的空地，而是预先设计好的程序，这套程序体现的是网站方的风格、意志，所以整个拍卖过程无论是卖方的上传信息还是买方的应价竞价直到最后的确认，都要受到程序的控制，而不能依据交易双方自己的意志自由进行。同时，网络拍卖的竞价过程主要采取的是倒计时方式，即先由卖方将拍品的竞价起始与截止时限输入网站程序，然后由网站的程序对竞价过程加以倒计时控制。时间开始，程序打开数据通道，允许应价数据流入；时间届满，再关闭通到，阻止数据流入。这个开启与关闭的命令是由程序完成的，它的依据虽然是卖方确定的始末时间，但掌握时间标准的既不是卖方电脑时间，也不是买方电脑时间，而是网站服务器的系统时间。可见，网站方通过对程序的控制掌握了对竞价阶段的控制权，这与拍卖公司的作用是一致的。那么，网站方就必须要基于控制作用而承担相应的责任。但由于网站方并不直接接触拍品，所以又不能像拍卖公司那样要求其对拍品质量问题直接向买方负责。

（二）拍卖的形式

电子商务的发展使拍卖概念得到极大延伸，它不仅保留了传统的拍卖方式，还将拍卖延伸到普通商品的交易中，同时在信息技术的支持下出现了许多创新的拍卖形式，如反向拍卖（逆拍卖）、集体议价、由你定价等。借助互联网或其他通信技术完成的拍卖统称为在线拍卖（e-auction）。

正向拍卖（forward auction）就是指传统的拍卖方式，根据竞价策略不同又被分为英式拍卖、荷兰式拍卖、"集体"议价、密封式拍卖等形式。

英式拍卖是最常见的拍卖方式。它是一种公开的增价拍卖，即后一位出价人的出价要比前一位的高，竞价截止时间结束时的最高出价者可获得竞价商品的排他购买权。

荷兰式拍卖是一种公开的减价拍卖，多适合于大库存量的产品销售。在线荷兰式拍卖与传统荷兰式拍卖方式不完全相同，它并不要求一定以减价的方式报价，其交易规则是出价高者获得优先购买权，相同报价者出价在先者获得优先购买权，最后以所有中标人中的最底报价成交。

"集体"议价是一种不同于传统拍卖的网络拍卖类型，多适用于 C2B 的形式。商家将商品的基础价格（初始价）公布，然后开放给消费者报价和下订单，消费者的报价可以低于基础价，但有一定限制，在某个购买期内销售量越大，价格就会走向越低，最后购买者以所有中标人的最低价成交。这是一种类似量折扣的销售形式，使个人消费者也能享受到批发的价格，是团购的一种变形。

密封式拍卖是指买主只有一次报价机会的拍卖，竞价者相互之间不知道对方的报价，也称为静默拍卖。报价最高者获得购买权，但成交价有两种模式，一种就是以最高报价成交，另一种模式是以第二高价成交，这种模式又称为 Vickrey 拍卖。

逆向拍卖（reverse auction）是相对正向拍卖而言的，又叫拍买或反向拍卖。它是指消费者可以提供自己所需的产品、服务需求和价格定位等相关信息，由商家之间以竞争方式决定最终产品、服务供应商，从而使消费者以最优的性能价格比实现购买，多应用于 B2B、G2B。

课堂笔记

53

招标、团购都可以使用逆拍卖机制，"由你定价"也可以看做是一种逆拍卖机制，虽然它没有请求报价（Request for Quote，RFQ）、连续竞价过程，但它仍然是由商家之间以竞争方式决定出最终产品或服务供应商。

双向拍卖是一种特殊的拍卖方式，它是指由多个买主和卖主对同一标的物同时报价和寻价，匹配时既考虑价格，同时还考虑数量。像上海证券交易所（sse.com.cn）、上海期货交易所（shfe.com.cn）都是最典型的双向拍卖。

（三）拍卖中涉及的几个概念

"竞买人"指参加拍卖公司举办的拍卖活动，在拍卖公司登记并办理了必要手续，且根据中国法律规定具有完全民事行为能力的参加竞购拍卖品的自然人、法人或者其他组织。法律、法规对拍卖品的买卖条件或对竞买人的资格有规定的，竞买人应当具备规定的条件或资格。本规则中，除非另有说明或根据文义特殊需要，竞买人均包括竞买人的代理人。"买受人"指在拍卖公司举办的拍卖活动中以最高应价购得拍卖品的竞买人。"委托人"指委托拍卖公司拍卖本规则规定范围内拍卖品的自热人、法人或者其他组织。除非另有说明或根据文义特殊需要，委托人均包括委托人的代理人。"拍卖品"指委托人交予拍卖公司供拍卖活动拍卖的物品，尤其指任何图录内编有任何编号而加以说明的物品。

（四）拍卖中的竞价卖法

在竞价卖法中，经常使用起始价、底价和一口价。

·起始价是指出售商品最初拍卖时开始的价格。

·底价是委托人出售商品的最低价格，即能接受成交的心理价位。

·一口价指只要有人出价达到该价格，立即成交购得相应数量商品。

三者的关系为：一口价≥底价>起始价。

根据卖法不同，一般有一下几种拍卖方式：

（1）只设起始价：无底价竞标卖法，起始价就等于底价，有买家竞标可成交。

（2）起始价+底价：由底价竞标卖法，底价设置应大于等于起始价，当竞标结束，由买家出价达到底价，即告竞标成功。

（3）只设一口价：只要有买家的出价达到卖家的预设的一口价，即成功购得该商品。

（4）起始价+底价+一口价：竞标中兼有一口价的卖法，买家可以同时设置以上三项，这时须遵守：一口价≥底价>起始价，买家既可以参与竞标，也可以即以一口价购得该商品。

54

（5）起始价+一口价：无底价竞标中兼有一口价的卖法，一口价应大于起始价。竞标成功的买家按购买数量、出价高低依次与卖家网上成交，价高者得到所需数量的商品。

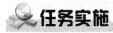任务实施

C2C 电子商务是在消费者与消费者之间进行的商务模式，它通过 Internet 为消费者提供进行相互交易的环境——网上拍卖、在线竞价。本模块模拟了 C2C 模式的网上拍卖网站，学生通过在网上拍卖过程中的实践操作，深刻了解 C2C 模式电子商务的内涵和本质以及该种模式的前台业务流程及后台管理。如图 5-1 所示（以得易网趣为例引进说明）。

图 5-1

一、流程说明

学生可以在本模块拍卖与竞拍，流程见图 5-2。

拍卖：学生填写身份后，就可以根据分类，登记新商品进行拍卖；

竞拍：根据商品分类找到合适的商品，出价竞拍，价高者得。

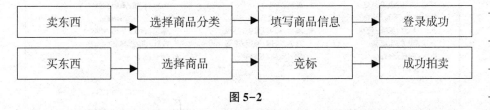

图 5-2

课堂笔记

二、注册会员

买家和卖家在竞拍商品前，需要先注册成为得易 C2C 网站的会员。注册会员时，需要提供真实身份认证。

（1）点击"免费注册"，进入用户填写页面；

（2）按要求填写完毕后，点击"看过并同意服务条款，下一步"，申请完毕。

三、搜索商品

搜索所需要的商品，主要可以用分类、关键字（商品名称）两种搜索方式。

分类：选择您要搜索的类型，点击"搜索"便完成。

关键字：填入您所要搜索的商品名称，点击"搜索"便完成。

四、卖东西

只要注册成为了 C2C 的会员，卖家在此可以发布自己的商品，并且可以收到买家反馈来的信息，并给予回复。

（一）登录商品

登录商品的过程如下：

注册并通过实名认证，登录 C2C 网站，选择商品分类。如图 5-3 所示；

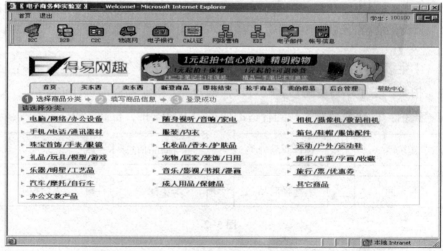

图 5-3

填写商品信息，包括商品名称，描述，数量，所在地，新旧程度，设定价格：起始价、底价，选择商品在线时间。确认您的交易联系方式；上传商品图片并填写附加支付、运货及保修信息。

五、买东西

消费者可以在此采购自己喜欢的商品，在此过程中可以与其它消费者竞买商品也可以与供应者进行交易交流。

（一）寻找商品

寻找商品有两种方式：

①搜索：在任何页面的搜索框里，输入要查询的若干与商品有关的关键字，即能得到所有相关商品的列表。

②商品分类：在首页的商品分类结构或者买东西页面的商品分类，一层一层地往下找。

（二）竞标商品

点击所要购买的商品的"详细信息"按钮，便进入该商品的买卖页面。如图 5-4 所示：

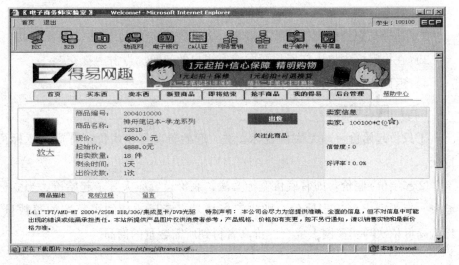

图 5-4

买卖页面包括 3 个模块：

（1）商品描述：是对该商品的交易情况及基本商品信息作简介。

（2）竞价过程：

①点击"竞价过程"进入出价页面（如图 5-5 所示）；

②在出价框内填入比原始价高的价格，然后点击"出价"；

③到确定页面，如果肯定出价便点击"确定"，否定则点击"取消出价"；

④出现成功页面后，点击"返回"用户的出价信息便出现在竞标状态栏中，完成出价。

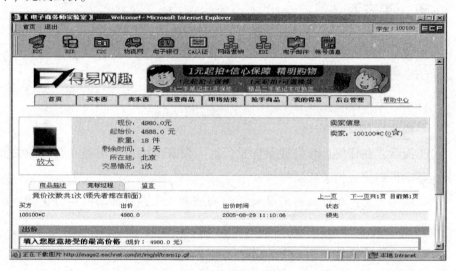

图 5-5

（3）留言：

1）点击"留言"进入留言选择栏；

2）选择与您身份相符的状态按钮（此时您是买家），点击"买家提问"；

3）在提问框中填入您所想要向卖家提出的问题，点击"提交"；

4）返回留言页面，信息出现在留言框中。

（三）网上成交

①只设起始价：即无底价竞标卖法，起始价就等于底价，有买家竞标可成交。

②起始价+底价：即有底价竞标卖法，底价设置应大等于起始价，当竞标结束，有买家出价达到底价，即告竞标成功。竞标成功的买家按购买数量、出价高低依次与卖家网上成交，价高者得到所需数量的商品。

六、新登商品

新登商品是用户当天在系统上新登录出售的商品列表。

七、抢手商品

抢手商品是所有竞标次数超过 5 的热门商品列表。

八、即将结束

即将结束是当天达到竞拍期限的商品列表。

九、我的得易

此模块可以让用户知道 C2C 的所有买卖操作信息。主要包括作为买家的竞标中的商品、已买入的商品；作为卖家的出售中的商品、已结束的商品；用户设置：用户信息修改、注销用户等构成。

（1）竞标中的商品：点击"竞标中的商品"便进入商品信息介绍，从此可以看到商品的现在价格。

（2）已买入的商品：点击"已买入的商品"进入您的购买商品目录中，可以看到商品信息。

（3）出售中的商品：点击"出售中的商品"，进入正在出售的商品，点击商品后，可以看到最新的竞价最高价格。

（4）已结束的商品：点击"已结束的商品"，进入已结束商品目录。

（5）用户信息修改：点击"用户信息修改"，进入用户信息修改页面，修改后，点击"确定"修改完成。

（6）注销用户：点击"注销用户"，进入确定页面，点击"确定"后，用户名被删除，无法再使用该用户进行登陆。

十、用户信誉评比

买家对卖家进行信誉评比，更好的促使双方成功交易。买家在选购商品时可以查看到卖家的信誉评比信息。买家竞标商品成功，登录"我的得易"，查看"已买入商品"明细，点击给卖家评价"就可以对卖家进行信誉评比"。

十一、后台管理

C2C 后台管理主要是为网站管理者提供网站运营的各种管理功能，包括登录日志查询、会员管理、组群设置、拍卖目录设置、拍卖商品管理等。

（1）登录日志：可为管理员提供查看用户登录网站日志的功能，目的是为管理员更好的监控网站运行情况。

（2）会员管理：管理者可以查看会员信息、并对会员进行组群设置分配。

（3）组群设置：即可对会员进行组群分类，以方便管理员对众多的会员进行批量维护。

（4）拍卖目录设置：管理员在这里可以对拍卖网站的商品目录进行添加、删除等维护工作。

（5）拍卖商品管理：在这里可以对拍卖的商品进行注销等维护操作。

重点及注意事项

（1）如果某个商品目录已经启用，则该目录不能删除；

（2）不论双方交易过多少次，每位用户只能为另一用户进行一次信誉评比。

项目六　B2B 模拟实训

任务一　B2B 交易平台

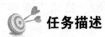

任务描述

小王是×××经销公司新招聘来的大学生，×××经销公司是大型采购商，×××工厂是国内 IT 产品的生产商，假设你是小王，请你为他们进行注册，首先是电子银行账号，然后在 B2B 模块中进行采购商、供应商的注册。（×××为学生学号后三位）

学习目标

（1）熟悉并了解 B2B 电子商务主要的业务流程及 B2B 电子商务的后台管理活动。

（2）以供应商、采购商两种身份模拟 B2B 电子商务活动。熟练掌握企业产品发布、产品查询及产品维护、网上签约购买、在线购买、货款支付、订单交易、企业数据维护、客户管理等。

任务准备

一、B2B

供应链平台 B2B（Business-to-Business）指的是企业对企业透过电子商务的方式进行交易，相对于 B2C（Business-to-Consumer）的销售方式是企业对顾客。B2B 也泛指企业间的市场活动，不局限于最终交易对象的认定。另外，B2B 也指企业间定义业务型态的方式。B2B 着重于企业间网络的建立、供应链体系的稳固。一般以信息发布与撮合为主，主要是建立商家之间的桥梁，他所提供的服务基本分为三类：

（1）交易服务：市场、销售、采购、信息增值服务等；

（2）业务服务：研发设计、生产制造、物流等；

（3）技术服务：信息处理、数据托管、应用系统等。

二、B2B 电子商务对企业的影响

在电子商务条件下，企业可成为利用信息资源的最有效的组织形式，增加企业收入来源、降低企业经营成本、加强与伙伴合作沟通能力。在虚实相结合的经济全球化、消费个性环境下，在电子商务环境下的企业可以大大增强市场适应和创新能力，大大提高自身经济活动的水平和质量。具体表现在以下几个方面。

（一）电子商务将改变企业商务活动的方式

在电子商务环境下，企业面对的客户是个性的网络消费者，他们会应用现代化信息技术和手段了解市场信息，在无数个企业和各种各样的产品中选择，并即时地完成网上交易结算。而传统的商务活动则是"推销员满天飞""采购员遍地跑"，"说破了嘴、跑断了腿"；消费者在商场中筋疲力尽地寻找自己所需要的商品。随着电子商务的发展，新技术、新产品日新月异，产品生命周期越来越短，市场竞争变得越来越激烈。

（二）电子商务将改变企业的生产方式

消费者的个性化、特殊化需要可以通过网络展示在生产厂商面前，制造业突出产品的设计风格，生产许多具有个性化的产品。

（三）电子商务将对传统行业带来一场革命

网络的普及和通信技术的应用极大地提高商务活动的效率，减少不必要的中间环节，"无店铺""网上营销""线上服务"的新模式为传统行业提供了全新的服务方式。

（四）电子商务改变企业的竞争方式

信息技术与管理相结合使业务流程得到优化，降低了内耗，提高了经营效率，可以实现自动化的流程管理。总体来说，电子商务对企业的竞争方式的影响主要体现在以下几个方面：

（1）电子商务提供大量准确及时的信息增加了企业合同的稳定性。

课堂笔记

（2）电子商务提供的消费平台给企业提供了开拓市场的机会。

（3）电子商务提供的个性化服务促进了企业开发新产品和提供新型服务的能力。

（4）电子商务提供的交易平台扩大了企业的竞争领域。

（5）电子商务法 提供的电子集市消除了企业的无形壁垒。

（五）电子商务改变企业的竞争基础

电子商务是以信息为基础的，企业信息化程度的高低首先决定了企业的市场竞争力。信息化的程度越深，竞争力越强。网上交易，原材料的采购、中间渠道的缩短、广告促销费用的降低、管理成本的降低，都使企业的成本大大降低，产品的价格竞争就显得异常激烈。由于电子商务消除了时空限制，企业得随时做好准备，为客户提供即使服务。企业应该充分认识自己的优势，及时做出战略决策，提高自己的竞争优势。

三、B2B 电子商务涉及的环节

（一）B2B 电子商务涉及的环节

企业要完成 B2B 电子商务的全过程，需要各部门、各组织及个人的参与，一般来讲，企业电子商务涉及的主要环节如下。

（1）销售商

B2B 电子商务平台支持在线向企业客户销售产品和服务，这种商业模式下进行营销的企业为 B2B 电子商务过程中的销售商。

（2）采购商

从采购公司的观点来看，B2B 电子商务作为媒介，使得采购管理变得更为方便。例如，它能降低采购价格，缩短采购周期。为了实现 B2B 电子商务，从采购管理的角度来看，买方主导的市场（或者消费者主导的市场）可以在该模式中发挥作用。在这个模型里，买方向潜在的供应商发出报价单请求以获取竞争优势。

（3）电子商务平台（电子中介）

在全球电子商务环境中，所谓电子商务平台（电子中介）就是指发布产品信息并且接受订单的站点。从这个意义上说，任何企业无论其经营规模大小，都可以通过 Internet 建立一个跨越全世界、没有营业时间限制的电子商务平台。因此人们说，Internet 给无数的中小企业带来了无限商机。但是，电子商务平台的实现并不是轻而易举的工作。首先，一个只采用简单的 HTML 网页发布静态信息的网站很难吸引用户，商家除了提供丰富的商品信息，还必须提供灵活方便的搜索方式、建立动态网页、提供个性化服务、同时要保证用户私人信息不会泄露；其次，网上商场还应有提供自己的身份证明、获取用户身份证明的能力；第三，要保证用户的订单信息在网上传输时不被窃取、修改，订单一经发出便具有不可否认性，订单到达后，应有一套完善的处理方法和管理、保存机制；第四，要与银行等金融机构合作，提供可靠的结算方式；最后，还要保证网上购物系统与企业原有系统以安全、合理的方式集成，保证企业私有网络和私有信息的安全。

（4）网上银行

一方面，它在 Internet 上实现一些传统的银行业务，突破时间和地点的限制，使普通用户在世界的任何地方都可以查看和管理自己的账户，使企业用户不必进入银行营业厅就能得到每周 7 天、每天 24 小时的实时服务，减少银行在修建和维护营业场所、保安、支付人员费用等方面的开销，大大地提高了银行的办公效率。一项调查表明，普通的传统银行一笔交易成本约为 1.07 美元，而 Internet 交易成本约为 0.1 美元，同时又能提高传统银行难以做到的个性化服务。另一方面，网上银行与信用卡公司等通力合作，发放电子钱包、提供网上支付手段、为电子商务交易中的用户和商家服务。由于金融信息的重要性，网上银行与企业、个人用户信息的传输就更要保证安全、完整、不可更改。最后，银行在提供在线服务的同时，还要确保内部网络和数据的安全。

（5）认证中心 CA

它们是一些不直接从电子商务交易中获利的受法律承认的权威机构，负责发放和管理电子证书，使网上交易的各方能互相确认身份。电子证书的管理不仅要保证证书能有效存取，而且要保证证书不被非法获取。这是一项非常复杂的工作，通常需通过以下环节加以保证，即发放证书遵循一定的标准、证书的存放管理应遵循 X. 500 或其简化版本 LDAP 协议、管理密钥和证书的有效期限。这里 CA 中心内部的网络及数据安全也极为重要。

（6）物流配送中心

接受商家的送货请求，组织运送无法从网上直接得到的商品，并跟踪商品流向。

（7）电子证书

电子证书就是一个数字文件，通常由四个部分组成。第一是证书持有人的姓名、地址等关键的个人信息；第二是证书持有人的公开密钥；第三是证书序号、证书有效期等；第四是发证单位的电子签名。这种证书由特定的授权机构——CA 中心——发送，具有法律效应，是电子商务交往中个人或单位身份的有效证明，类似于现实世界中的身份证、护照等。数字证书可存贮在 Java 卡中随身携带，并用口令加以保护。

（8）与后端信息系统的集成

后端信息系统可以运行在局域网工作流、数据库管理系统（DBMS）、应用包和 ERP 上。在基于市场环境下，电子商务和供应商后端信息系统的集成相对来说较容易，供应商维持这个平台，以支持电子商务和他们的后端信息系统。然后，对于买方来说，跟踪分散在不同供应商的服务器中的记录并不容易。类似地，在基于消费者的市场环境下，企业买主而不是供应商，能够容易地将他们的后端信息系统集成到电子商务中。在基于中介的市场环境下，买方和卖方都不能轻易地组织他们的交易。在 B2B 的电子商务中，这个难题对于买方和卖方来说，是一个挑战，但对于中介来说却是一个很好的机会。

（二）B2B 电子商务的一般流程

参加交易的买卖双方企业在做好交易的准备之后，通常都是根据电子商务标准规定开展交易活动，电子商务标准规定了电子商务应遵循的基本程序，通常是以 EDI 标准报文格式交换数据，过程表述如图 6-1。

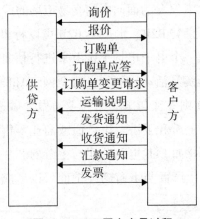

图 6-1 B2B 网上交易过程

供货方 ← 询价 → 客户方
供货方 → 报价 → 客户方
供货方 ← 订购单 ← 客户方
供货方 → 订购单应答 → 客户方
供货方 ← 订购单变更请求 ← 客户方
供货方 → 运输说明 → 客户方
供货方 → 发货通知 → 客户方
供货方 ← 收货通知 ← 客户方
供货方 ← 汇款通知 ← 客户方
供货方 → 发票 → 客户方

（1）客户方向供货方提出商品报价请求，说明想购买的商品信息；

（2）供货方向客户方回答该商品的报价，说明该商品的报价信息；

（3）客户方向供货方，说明初步购买的商品信息；

（4）供货方向客户方提出商品订购单应答，说明有无此商品及规格型号、品种、质量等信息；

（5）客户方根据应答提出是否对订购单有变更请求，说明最后确定购买商品信息；

（6）客户向供贷方提出商品运输说明，说明运输工具、交货地点等信息；

（7）供贷方向客户发出发货通知，说明运输公司、交货地点、运输设备、包装等信息；

（8）客户向供贷方反馈收货通知，报告收货信息；

（9）交易双方收发汇款通知，卖方报告收款信息；

（10）供贷方向客户发送电子发票，完成全部交易。

四、B2B 电子商务的模式

以信息发布为主的第一代电子商务模式总体已渐显疲惫，第二代模式正在脱颖而出。第二代电子商务模式以业务为基础，将传统行业业务与互联网技术完美融和起来，强调盈利模式和利润，将"信息流、资金流、商品流、物流"四流合一，为企业和个人提供最快交货速度、最安全自资金支付、最轻松交易方式，并获得最高品质的服务。

一个企业开展电子商务，一般单独建立网站或加入一个联盟，也可加入行业 B2B。独立网站的典型有海尔、Dell、Sony 和三星；联盟的例子有网络花店、汽车服务等；行业 B2B 就比如杭州的阿里巴巴、聪慧网、中国化工网、全球五金网等。行业 B2B 又分为面向中间交易市场的行业水平类 B2B 与面向制造业或商业的行业垂直类 B2B。水平类 B2B 可以将很多行业集中在同一个网站上，买方和卖方在一个电子市场 EM 上来进行信息交流、广告、拍卖竞标、交易、库存管理等贸易活动。例如：聪慧网、Alibaba、环球资源网站等网站。行业垂直类 B2B 则专注与某一个行业，做深做透，专业水平非常高。一般分为两个方向，即上游和下游。生产商或商业零售商可以与上游的供应商之间形成供货关系，比如 Dell 电脑公司与上游的芯片和主板制造商就是通过这种方式进行合作。生产商与下游的经销商可以形成销货关系，比如 Intel 与起分销商之间进行的交易。

据国际电子商务的发展趋势，无论是水平的还是垂直关系的 B2B 电子商务都将集合信息流、资金流和物流，以三流协同为目标的供应链必将成为 B2B 电子商务的首要对象。

（一）以电子商务企业的作用来看，B2B 电子商务模式分类

（1）电子市场

有时称之为 B2B 交易中心，由于其潜在是的市场规模，成为 B2B 电子商务中最为成熟和有前景的是商业模式。一个电子市场就是一个数字化的市场

形态，供应商和商业采购均可以在此进行交易。

对于买方来说，利用 B2B 电子市场只要在一个地方就能够收集信息，检验供应商，收集价格，更据最新发生的变化进行更新。而另一方面，对于卖方来说，则能够从与买方的广泛接触中不断优选，因为潜在的购买者越多，销售的成本更低。而成交的机会和利润也就越高。

从电子市场的整体来看，可以最大限度的减少识别潜在的供应商、客户和合作伙伴，以及在双方和多方开展交易所需要的成本和时间等。因此，电子市场的出现，可以降低交易成本，简化交易手续，获得更多交易机会。

目前全球的电子市场，主要出现了两种细分模式：综合性电子市场和垂直型电子市场。综合性电子市场又称水平型电子市场，主要针对较大范围的企业来进行销售商品和服务。在中国，阿里巴巴成为综合交易平台最成功的企业之一，聪慧网、买麦网也是综合型电子市场的重要代表。而垂直型电子市场主要针对特定的行业，如钢铁、汽车、化学或者物流配送等，这些行业多为生产资料性行业，成交量大、专业性强，垂直型电子市场迅速成为该行业商业信息、物资信息的集成地。目前中国成为较为成熟的有中国化工网、中国纺织网等。

（2）电子分销商

电子分销商是直接向各个企业提供产品和服务的企业。电子分销商与 B2B 电子市场有所区别。B2B 电子市场是将许多企业放在一起，使他们有机会与其他公司做生意，而电子分销商则是一家寻求为多个客户服务的企业所建立的。

（3）B2B 服务提供商

B2B 服务提供商是指向其他企业提供业务服务的企业。通过整合各方资源提供集中物流服务、公共服务、信用保障服务、支付服务的一站式服务与供应链运作整体解决方案给客户，并对客户决策产生影响。从本质上看，B2B 服务提供商就是为企业采购、分销等供应链过程提供服务的。

（4）信息中介

信心中介以收集消费者信息并将其出售给其他企业为商业模式。目前的信息中介主要为面向供应商模式，中介将消费者信息收集给供应商，供应商利用这些信息向特定的消费者有针对性的提供产品、服务和促销活动。面向供应商的信息中介可以分为两类：受众代理和商机制造者。

受众代理是收集面向消费者的信息，并用来帮助广告商向最适合的受众做广告；商机制造者则是收集消费者的信息，通过数据挖掘形成消费者特征、偏好，然后他们指导供应商将符合消费者需求的产品和服务销售给消费者。信息中介的盈利主要靠信息费用和数据挖掘后的咨询费用等。

（二）以业务服务的目标来看，B2B 电子商务模式分类

（1）交易平台服务模式

企业搭建的 B2B 网站最基本的功能是提供商务平台。目前，B2B 电子商务从单纯的信息平台逐渐演变到真正的交易平台，平台的会员企业会被买家卖家认为是优先交易的标准，具有 B2B 平台参与的交易过程被认为是风险较低的选择。这一切都为 B2B 网站发展到第三阶段即互信平台奠定了基础。在这个阶段，不仅是买卖行为在这里发生，信息的交流、知识的互换，甚至产品的创意研发的初始也都会在 B2B 平台里实现，它必将交易双方的中枢，成为一个商人聚集的中心地，称你为一个有机的具备自我发展功能的商业系统。

B2B 电子商务交易平台的代表公司是阿里巴巴。阿里的平台成功的聚集了大量的人气，其支付宝则显示了阿里控制交易过程的野心，而阿里的社区则形成了和很好的商业交流的风气，诸多迹象表明，阿里的平台正在朝互信的平台发展。

（2）资讯信息服务模式

信息服务是互联网最重要的功能。网络使信息交流变得更便捷，更多企业与个人上网是想获得更完备的信息资讯。从信息咨询入手，通过信息资讯服务来聚集人气，以资讯平台来带动商务平台，这是第二类 B2B 电子商务模式。

国内 B2B 电子商务资讯平台的代表公司是慧聪网。慧聪商情有着很好的线下服务基础，它从原来的慧聪商情的线下服务逐渐进而延伸到网上服务。利用其资讯采集优势，按照企业交易行为的要求，打破原有的工商业目录，将行业进行重组，形成了慧聪网目前的 62 个行业资讯频道。慧聪网融和了线上与线下的服务，在商务平台的设计方面，按照企业最为关心的要点信息组织其信息发布模式，用户通过该平台甚至可以直接太替代原有的采购数据库，极大地节省了资料搜集成本，它的成功代表着资讯服务模式的成功。

（3）行业专业服务模式

以上两种模式的代表公司都是行业水平类 B2B 网站。国内 B2B 网站有很大一部分是从事专业行业的网站，如上海的钢铁网、成都的建材网、常州的丽华快餐。类似机械、化工、纺织服装、五金、医药、建材等行业的产业集中度比较高，专门为这些行业的服务的 B2B 网站也容易形成自己的规模优势。比如想买建材，就到建材市场，想买茶叶，就到茶叶市场。行业水平类 B2B

和行业垂直类 B2B 网站的角色区分就像是综合市场和专业市场一样。

B2B 电子商务行业专业服务模式的代表公司有：中国化工网、全球五金网、中国安防产品网、中国电动车网、中国建材网、中国玻璃网等。行业 B2B 更专注于服务的整合，比如五金行业，全球五金网是五金类 B2B 网站的代表，他们即是专注给五金企业提供上网咨询服务，从而带动商务平台的形成。全球五金网的服务三部曲是：①给企业高层及中层做培训，与五金企业高层就网络商务达成共识。②帮助企业建设网站并推广。③吸收企业为全球五金网会员，让他们活跃在平台上，最终帮助企业实现网络生存。逐步建立起与五金企业的互信、互助、互融的关系。很多五金企业把全球五金网当作是自己的朋友和伙伴，愿意与五金全球网一起成长。这种通过贴心服务形成的合作关系，才是最稳固的。这种服务的促进会使行业内的互信平台先与简单的信息及买卖平台而形成，互信平台反过来又会促进买卖平台的活跃，从而形成良性循环。

五、B2B 电子商务的利润来源

B2B 电子商务网站除可以自己开展电子商务，从商务活动中直接赚钱外，还可以产生很多利润流。如网站广告、网上拍卖、网上店面、网上排位都可以有很好的盈利机会。

（一）交易费用

很多拥有 B2B 电子交易市场的公司都对其网站上达成的交易收取一定额度的交易费用，通常是交易额的一个百分比。无论是取自买方还是卖方，都是一个网站的一个主要的收入来源。

（二）拍卖佣金

有买方主导和卖方主导两种拍卖形式，网站向卖方抽取提成，如 paperexchange 向卖方抽取成交金额的 3%。该模式对卖方的好处在于，如果交易不成，则无须付费。

（三）软件许可费

是大部分 B2B 平台软件商的主要利润来源。拍卖软件商 openmarket 表示，该软件许可费用是其相当重要的财源。

（四）广告费

目前是许多电子商务公司一个主要收费项目。电子商务公司可以对网上显示出来的一切有关商品、商家的信息进行收费，一些网上拍卖市场对参加拍卖商品的信息展示进行收费。即使一些公司并不把信息展示费看得很重，但可以利用对商品征收展示费来保证所列商品的质量。这是因为一般厂家不会花钱将别人不会要的劣等品展示出来。这样可以防止网上商品泛滥，将优质品淹没。verticalnet 每个网站都有专门的页面，介绍其商品和服务。赞助商广告则以最常见的横幅广告为主。另外，许多拍卖网站也向店家收取商品的登入费用，虽然该收入不是利润的主要来源，却可确保商家的品质和信誉广告费并不应该是一个盈利的核心。它应该只是一个商业模式的附属品。正如目前许多公司所做的，他们可以免费为一些公司登广告，对信息也不收费，因为他们希望通过这样增加其他方面的收入，比如拍卖佣金等，这些收入的增加可以用来补偿其他广告费用，而且有利于促进其品牌。

（五）出售"内容"

收集整理厂商目录、客户信息、业界动态等。以 verticalnet 为代表，其模式是收集不同厂家的产品目录，然后添加搜索功能让买家使用更为方便。

（六）节省成本的回报

电子市场为买卖双方带来可观的成本缩减，在此模式当中，商品从商品差价中提成。好处在于将采用新交易模式的投资报酬纳入盈利渠道，如果成本不减反增，则无须付费。

（七）其他服务费用

专门提供 B2B 所必需的资金流、物流或应用软件等方面的服务，分享利润，如信用卡公司提供的信用认证。如 corio 的 emarket 软件专为电子交易市场量身定做，用来集成市场的交易机能与公司的 erp、erm 及 scm 等系统

六、B2B 发展趋势

（1）B2B 行业性使其多元发展

这类网站只能在某一特定行业或领域内进行竞争，也可能会在与所经营行业极为密切的领域取得一些进展，但要涉足其它行业则难乎其难。

（2）行业性与功能性网站联合

行业性网站虽有行业优势却缺乏功能性专业知识，而功能性网站则欠缺行业经验及客户关系，二者的联合则可跨越行业性与功能性网站之间的沟壑，实现优势互补，在这类联合中，行业性网站将主要转向客户关系管理。

（3）软件供应商打破系统平台

目前的软件供应商根据所提供系统平台的不同分为交易软件供应商（如

AriBa 和 commerceone）、拍卖软件供应商（如 Moai 和 opensite）和交易平台供应商（如 broadvison）等三个不同的阵营，这种诸侯割据的格局将随着软件供应商间的联合和并购热潮的出现而被打破。

（4）交易型模式增加派生服务

目前的交易型模式尚局限于现货市场，随着客户数量的增多和对市场的日益熟悉以及软件平台在功能方面的提升，这类交易中心将有望提供期货和货场等派生服务。

（5）B2B 公司集中模式将会被摒弃

早期的 B2B 商务软件将商品目录、拍卖及交易集中于独立的公司，这种以公司为中心、影响流动性的模式将会让位于集中于 B2B 网站的模式。

（6）新型超级网站将会出现

虽然行业性网站难以逾越行业关隘，但这并不意味着它们只能采用独立的基础架构与服务支持，提供共享后台系统的新型网站和以租用形式服务于不同行业性网站的功能型网站（ASP）可望在近两年内大行其道。

（7）传统商品交易所将被吞噬

商品交易所不但缺少连贯性，难以集成强大交易功能与 B2B 网站匹敌，并且缺乏业务处理集成能力，最终传统商品交易的领地将被新兴 B2B 网站吞噬殆尽"E 时代的恐龙"将成为传统商品交易所最好的诠释。

电子交易平台是供应商、采购商交易的场所，供应商和采购商首先要在电子交易平台上注册，才能进行 B2B 交易。供应商在交易平台发布商品，采购商在交易平台采购商品同时可以申请特约商户，这样采购商能获得更好的价格。如图 6-2 所示：

学生可以通过注册不同身份，担任采购商或者供应商的角色。采购商在前台购买商品，订单就会出现在相应的供应商的订单处理中，供应商处理订单后，交给采购商确认，经过二次确认的订单就可以生成销售单。同时，销售单生成后，供应商派物流商把货物送到采购商；采购商可以在适当的情况下，结清货款，如图 6-3 所示。

🌐 任务实施

一、会员注册

为了电子商务交易的安全性，每个角色（供应商或采购商）在进行操作

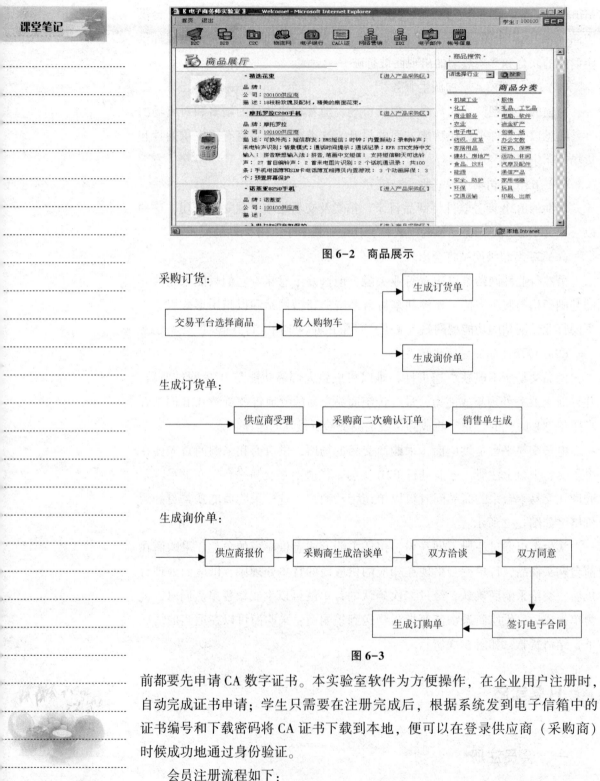

图 6-2　商品展示

采购订货：

```
交易平台选择商品 → 放入购物车 → 生成订货单
                              → 生成询价单
```

生成订货单：

```
→ 供应商受理 → 采购商二次确认订单 → 销售单生成
```

生成询价单：

```
→ 供应商报价 → 采购商生成洽谈单 → 双方洽谈 → 双方同意
                                              ↓
   生成订购单 ← 签订电子合同
```

图 6-3

前都要先申请 CA 数字证书。本实验室软件为方便操作，在企业用户注册时，自动完成证书申请；学生只需要在注册完成后，根据系统发到电子信箱中的证书编号和下载密码将 CA 证书下载到本地，便可以在登录供应商（采购商）时候成功地通过身份验证。

会员注册流程如下：

（1）客户点击 B2B 首页，选择"会员注册"登录电子交易平台会员注册页面。如图 6-4 所示。

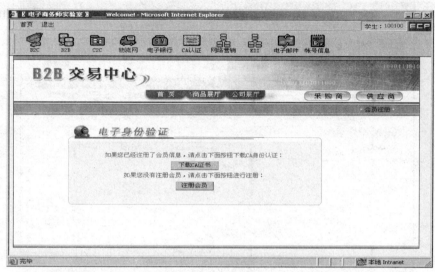

图 6-4　会员注册

（2）客户填写注册资料，并提交申请。

（3）系统自动审核资料，同意注册。

（4）注册流程结束。系统给出 CA 证书编号和密码，同时把 CA 证书编号和下载密码发往电子信箱。

下载 CA 证书：

（1）进入会员注册，点击证书下载。

（2）输入 CA 证书编号和下载密码，完成下载。

三、购物车

购物车是提供购物支持，允许购物者来查看、更改、删除当前所购买的商品，同时生成订货单/询价单。

（1）通过页面浏览查看价格，选择合适的商品，

（2）进入产品采购区，点击您所需要购买的商品，购买的商品放入购物车；

（3）进入"购物车"，此时您有四种选择，"生成订货单"、"生成询价单"、"重新计价"、"删除"，如图 6-5 所示。

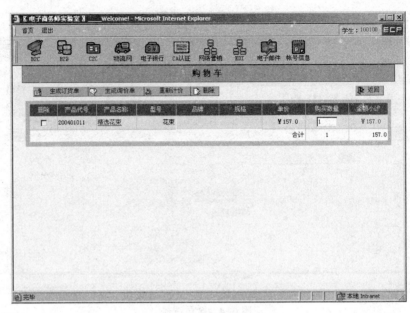

图6-5　购物车

生成订货单：

（1）确定所要采购的商品，点击"生成订货单"；

（2）进入订货单页面，选择您的支付方式和交货日期，点击"确定"，生成"订货单"；

生成询价单：

（1）确定所要询价的商品，点击"生成询价单"；

（2）进入询价单页面，填写询价内容，点击"生成询价单"图6-6。

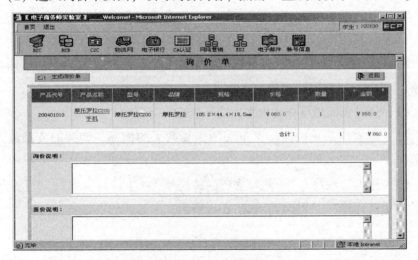

图6-6　生成询价单

重新计价：填写单据里的"购买数量"，点击"重新计价"完成计价过程。

删除：选择您要删除的单据点击"删除"，单据删除完成。

四、申请签约商户

所谓签约商户是采购商与供应商签订了长期销售合约的一种合作伙伴身份。签约商户用于电子交易平台的订单交易方式。

采购商申请成为供应商的签约商户后，供应商将会根据采购商的业务量，给予采购商比较优惠的价格。签约商户的管理包括签约商户申请和签约商户的资料维护。采购商为了能获得更好的折扣率和更长的付款期限，可以向供应商申请为签约商户，供应商根据以往的付款历史记录，给出相应的折扣和信誉额度。

申请签约商户流程：

（1）学生以采购商身份登录，在首页中进入产品采购区，采购商想与哪个供应商签约，就选择相应的供应商的产品，进入该产品采购区，见图6-7。

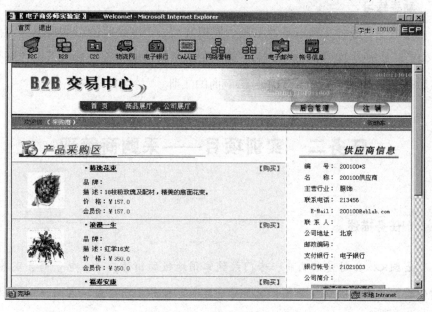

图6-7 产品采购区

（2）点击"申请成为签约商户"按钮，系统进入签订协议页面，采购商选择同意；

（3）系统提示"您的申请材料已经提交成功，请等待供方审批"；

（4）供应商进入后台管理/客户管理，选择需要签约的采购商，点击"客

课堂笔记

户明细"。供应商为采购商选择信誉等级和信誉额度，点击"确定"完成签约过程；

（5）当采购商与供应商签约成功后，采购商可以享受供应商给的会员价格。

信誉额度：是指在规定的时间内如果付清所有的款项，信誉额度越大，付款时间就可以推后。例如，信誉额度为 3，那付款时间就可以推迟 3 天。

重点及注意事项

（1）注册"采购商"或者"供应商"时必须先去电子银行申请"企业银行账户"；

（2）每个"企业银行账户"只能被使用一次；

（3）每个企业的角色需要经过两次 CA 证书的下载。

动手练习

在电子商务师实验室平台上进行模拟实验，×××经销公司是大型采购商，×××工厂是国内 IT 产品的生产商，请为他们进行注册，首先是电子银行账号，然后在 B2B 模块中进行采购商、供应商的注册。

任务二　实训项目——采购商管理

任务描述

宏图×××公司是采购商，专门经销家用地板的销售，请在电子商务实验室中申请注册宏图公司，雅格×××公司是实木地板的生产企业，宏图公司与雅格公司通过网上洽谈，达成了贸易合同，请模拟操作以上流程。（×××代表学生学号的后三位，所需其他信息自定义）

学习目标

（1）掌握在模拟平台上对采购商进行管理；

（2）能进行供应商的搜索；

（3）与供应商建立贸易伙伴关系；

（4）进行商品采购；

（5）进行购物车的设置；

（6）进行询价操作。

 **任务准备**

采购商进入首页/采购商/采购商身份验证/采购商后台管理，如图 6-8 所示。采购商可在此对自己的采购进行跟踪管理，并在此与供应商进行交易对话，为采购商提供了一个方便、快捷的交易平台。包括的模块有订单处理、订单查询、订单结算、应付款查询、网上洽谈、电子合同、我的资料等模块。

图 6-8

任务实施

一、订单处理

采购商点击"订单处理"。

采购商在该模块对订单进行二次确认和收货确认。

订购单是采购商在购物车中点击"生成订货单"方式生成的单据。

处理流程如下：

（1）采购商进入首页/采购商/采购商身份验证/采购商后台管理/订单管理页面，查询未受理订购单。

（2）如果供应商拒绝受理订购单，则撤销订购单，订单状态变为"作废"；如果供应商同意受理订购单，则订单变为"待二次确认"，等待采购商二次确认。

（3）采购商进入订单管理页面，查阅"待二次确认"的订购单。

（4）采购商选择单据状态为"待二次确认"的订单，点击"订单明细"，对该订单进行"确认"，单据状态变为"销售处理"；如果不想购买，则选择"订单撤销"单据，则订单状态变为"作废"。

（5）系统收到已确认订购单，自动在供应商进入首页/供应商/供应商身份验证/供应商后台管理/供应商订单处理生成销售单。

待受理：采购商在前台交易平台采购商品生成订单后，订单状态为待受理。

待二次确认：

（1）选择待二次确认的订单，点击"订单明细"；

（2）进入订单明细，在此进行订单确认，只要点击"订单确认"便完成。

作废：采购商发出的"待受理"订单，供应商不受理，点击了"撤销"，该订单状态变为"作废"；

送货完成：

（1）选择送货完成的订单，点击"订单明细"；

（2）进入明细，在此确认送货完成，只要点击"收货确认"便完成操作。

二、订单查询

采购商进入首页/采购商/采购商身份验证/采购商后台管理/订单查询在此采购商可以查询您所要查询的各种单据，包括订单编号、订单状态、结算方式、结算状态、单据日期等查询方式。如图6-9。

在相应的方式填写或选择您所要查询的内容，点击"查询"，单据查询出来后，选择您要查看的单据，点击"订单明细"，便可查看单据的明细。

三、应付款查询

采购商进入首页/采购商/采购商身份验证/采购商后台管理/应付款查询，本模块记录了采购商与各商家之间的资金流动情况，同时采购商可以在此对所有单据进行结算。如图 6-10。

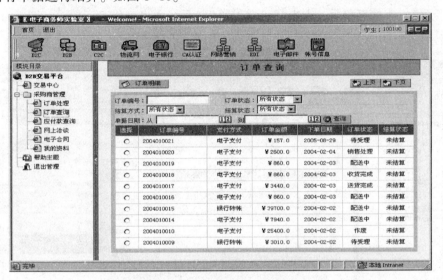

图 6-9

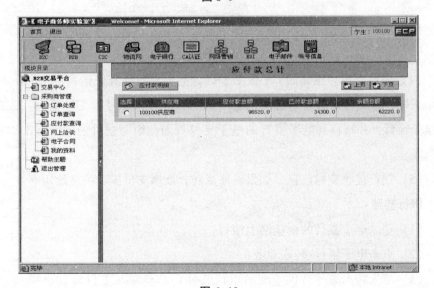

图 6-10

应付款查询：

（1）选择您要查询的供应商，点击"应付款明细"；

（2）选择您要查看的时期，点击"查询"。

79

目前结算方式有两种，一种是电子支付，一种是银行转账；

电子支付：

（1）点击应付款查询，进入应付款总计如图（6-10），选择供应商，点击"应付款明细"，进入应付款明细页面。

（2）选择需要查看的订单，点击"订单明细"。

（3）审核订单后，点击"订单结算"。系统弹出身份验证框，如图6-11所示：

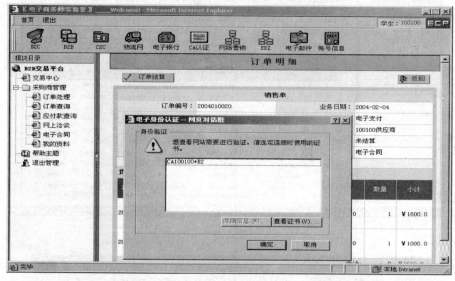

图 6-11

（4）采购商选择正确的 CA 证书号码，电子银行检查采购商的 CA 证书，如果正确，系统将采购商的订单信息（商户代码，订单号、交易金额）发送给电子银行，并转移到电子银行的电子支付页面，填写支付密码，点击"确定"。

（5）银行接收支付信息，如果转账成功，反馈支付成功信息给用客户。

银行转账：

（1）登录电子银行的企业网上银行；

（2）点击电子银行/转账业务；

（3）填入转出账号（供应商的银行账号）和金额（支付货款金额），点击"确定"即可完成转账业务。

（4）进入首页/采购商/采购商身份验证/采购商后台管理/应付款查询/订单明细，选择需要结算的支付方式为"银行转账"的订单，点击"订单明细"进入；

（5）审核订单后，点击"订单结算"，系统自动发结算信息给相应的供应商；

（6）供应商收到结算信息后，对该订单进行收款确认。

四、网上洽谈

采购商（供应商）进入首页/采购商（供应商）/采购商（供应商）身份验证/采购商（供应商）后台管理/网上洽谈，网上洽谈方式是一种通过网上洽谈来商定交易价格，签订电子合同的交易方式。

流程如下：

（1）采购商在购物车中生成询价单，询价单状态为"询价"；

（2）供应商进入网上洽谈，选择单据状态为"询价"的询价单；

（3）供应商根据情况报出合理的价格，点击"提交"，"询价单"状态变为"报价"；

（4）采购商进入网上洽谈，点击询价单状态为"报价"的订单，点击"生成洽谈单"；

（5）洽谈单生成，采购商选择"双方不同意"的洽谈单，点击"洽谈单明细"按钮，进入洽谈单页面，如图 6-12 所示：

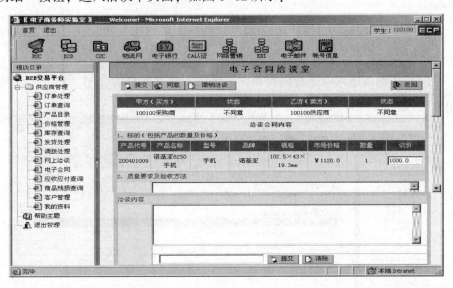

图 6-12

（6）采购商进入网上洽谈，点击洽谈单页面，选择需要洽谈的单据，在电子合同洽谈室里与相应的供应商进行洽谈，填写洽谈内容，然后点击"提交"；

（7）供应商进入网上洽谈，点击洽谈单页面，选择相应的洽谈单据，在电子合同洽谈室里与采购商进行洽谈，填写洽谈内容，确定质量要求、检验方法、确定交货地点、付款方式等然后"提交"；（注意，只要其中一方已经同意，则合同内容就不能更改）；

（8）洽谈完成后，双方达成一致协议，由其中任何一方填写洽谈内容，填写完合同信息，点击"提交"按钮，把洽谈内容提交。双方看完有关合同信息洽谈内容表示同意，点击"同意"按钮，洽谈状态显示一方同意；另一方看过洽谈内容后，点击"同意"按钮，洽谈合同状态显示"双方同意"；

（9）完成洽谈过程，生成待签订的"电子合同"。

询价单：选择单据，点击"询价单明细"，填入询问事宜，"确认"询价单，等待对方报价。

洽谈单：选择单据，点击"洽谈单明细"，在洽谈页面您有两种操作，一是洽谈、二是提交电子合同。

洽谈：在填写框中填写您与供应商的洽谈内容，填写完毕后，点击"提交"完成。

五、电子合同

本模块是模拟电子合同的签订过程。在网上洽谈中生成的待签订的合同，在本模块进行签订。签订流程如下。

（1）采购商进入电子合同模块，选择甲方没有签订的合同，点击"合同明细"，如图6-13；

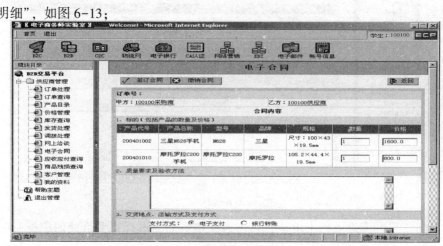

图6-13

82

（2）进入合同明细，点击"签订合同"，完成采购商合同签订。

六、招标管理

本模块模拟网上招标采购过程。采购商在后台可以设置公开招标，按照系统预先设计好的招标书的格式进行招标书的发布，供应商投标，投标成功后，双方签订合同，形成采购单，并进入到 B2B 销售单的处理流程中，实现后继的销售及配送的全过程。

（1）采购商新建招标项目，填写招标须知等信息。

（2）采购商发布招标公告。

（3）供应商下载提交标书后，采购商组织评定标书，确定中标单位。

（4）采购商发布中标公告，通知中标单位。

（5）招标采购商与中标供应商就标书内容生成合同，生成采购订单。

任务三　实训项目——供应商管理

 **任务描述**

YM 公司想通过网上招标采购一批空调（公司注册名为 YM×××），于是新建招标项目，在网上发布招标公告。L 公司是一家空调生产商，企业名称为 L×××，其产品为×××空调。L 公司看到 YM 公司的招标公告后，立即制作了项目投标书。到了招标截止日，YM 公司组织专家对供应商标书进行评定，最终宣布 L 公司为中标单位并和该公司签定了采购 100 台空调的合同。请在电子商务师实验室模拟完成上述操作（×××代表学生学号后 3 位，其他信息自定义）。

学习目标

（1）熟练进行供应商管理；

（2）在供应商后台进行订单处理；

（3）在供应商后台进行订单查询；

（4）在供应商后台进行产品目录和产品的添加；

（5）在供应商后台进行库存查询；

（6）在供应商后台进行进行发货操作；

（7）在供应商后台进行调拨操作；

（8）在供应商后台进行网上洽谈以及签定电子合同；

（9）在供应商后台进行应付应收查询；

（10）在供应商后台进行客户管理和我的资料操作。

任务准备

学生以供应商身份登录，点击"后台管理"，在后台管理界面可以进行订单处理、订单查询、产品目录、库存查询、发货处理、调拨处理、网上洽谈、电子合同、应付应收查询、客户管理和我的资料操作。如图6-14。

图 6-14

任务实施

一、订单处理

供应商在此处理采购商的购买订单。对"待受理"的订单进行受理，对经过采购商"二次确认"的订单，通过生成配送单的方式，交给物流商进行配送处理。

订单处理过程如下：

供应商点击"订单处理"模块，选择"待受理"的订单，供应商点击"订单明细"，对采购商下的订单进行"订单受理"；如图 6-15。

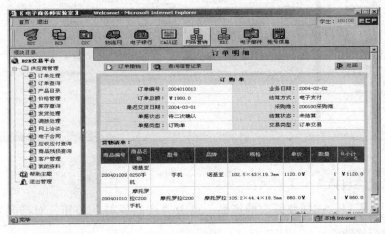

图 6-15

（1）订单受理后，订单状态变为"待二次确认"，等待采购商二次确认；

（2）经过采购商二次确认后的订购单，单据状态变为"销售处理"，订购单变成销售单；

（3）供应商点击该销售单明细，生成配送单，向物流商请求配送。

待受理：采购商从购物车发出订单，等待供应商处理的订单。

销售处理：经过采购商二次确认的可以进行配送处理的订单。

订单撤销：采购单无效，供应商点击"订单撤销"，订单作废。

查询信誉记录：供应商在进行订单处理的同时，可以对该采购商过去的信誉情况进行查询，如果该采购商提前付款，他的信誉记录就+1；如果他逾期付款，他的信誉记录-1。

二、产品目录

点击供应商/后台管理/产品目录，在这个模块中供应商新增产品目录信息和修改商品信息，并把商品发布到电子交易平台上，及时更新，供采购商查询和选购。如图 6-16。

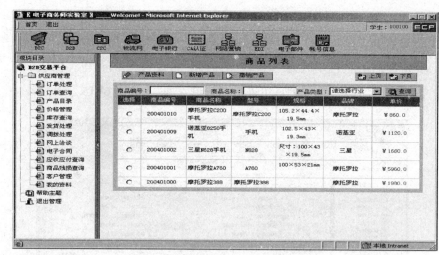

图 6-16

该模块包括 3 个子模块：

产品资料：选择要修改的产品，点击"产品资料"按钮，对已经发布的商品进行修改。

新增产品：在网站上发布新的商品信息，填写商品信息，上传图片，点击保存，完成商品添加。

撤销产品：删除已经发布的产品信息。

三、价格管理

价格管理的信誉价格指的是采购商在一定的采购数量范围内，获得的比市场价格更加优惠的价格。信誉价格定义就是要供应商设定自己的信誉价格待遇以及相应等级的要求。供应商只需要定义每个信誉等级的信誉价格和商品最少购买量。采购商的信誉等级在供应商的客户管理中设置。

价格管理过程如下：

点击供应商/后台管理/价格管理。

在这个模块中供应商设置商品信誉价格。

（1）点击设置信誉价格，进入商品信誉价格设置页面。选择信誉级别、填写商品的信誉价格及最小购买数量点击保存。

（2）点击管理信誉价格，进入商品信誉价格管理页面。选择信誉级别、修改商品的信誉价格及最小购买数量点击保存。如图 6-17。

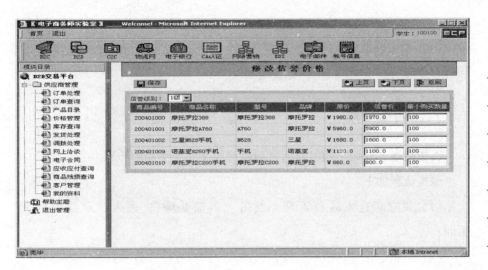

图 6-17

四、库存查询

点击后台管理/库存查询，可以根据配送商、存储仓库、商品类别、商品编号、商品名称查询现有产品在各个仓库的库存数量。

五、发货处理

将供应商已有商品发送给物流商，以添加物流商的现有库存；处理流程如下。

（1）进入"发货处理"模块，点击"新建发货单"；如图6-18。

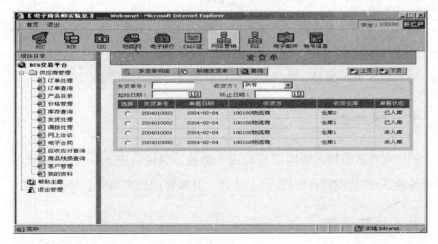

图 6-18

（2）进入新建发货单页面后，点击"选择发货商品"，再选择发货商品页面，把需要选择的商品勾上后，点击"确认选择"；

（3）系统确认后返回"新建发货单"页面，填写发货数量，选择收货方和收货仓库，点击"确定"，完成发货。

六、调拨处理

调拨处理：仓库之间可以通过商品调拨来实现商品的转移。

调拨流程如下：

（1）供应商进入后台管理，点击"调拨处理"，进入"调拨单列表"页面；

（2）点击"新建调拨单"按钮，进入"选择库存商品"页面。如图6-19。

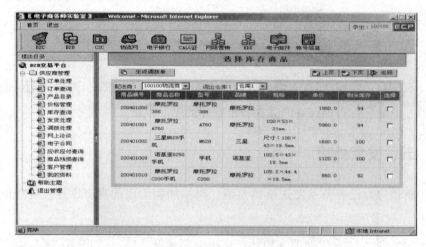

图 6-19

（3）点击选择配送商，再点击选择调出仓库，系统列出调出仓库的商品，点击选择需要调拨的库存商品后，点击"生成调拨单"；

（4）填入调拨数量，选择调入仓库，点击"确定"，完成调拨。

七、网上洽谈

供应商在该模块与采购商进行网上洽谈。供应商进入首页/供应商/供应商身份验证/供应商后台管理/网上洽谈，其操作同采购商网上洽谈。

八、电子合同

供应商在该模块与采购商签订网上合同。其操作同采购商电子合同。

九、应付应收查询

应收应付账记录了商家之间的资金流动情况。一般来说，生成订单的同时就生成应收应付记录。同时在本模块可以进行应付款项目的结算工作。如图6-20。

供应商点击后台管理/应收应付查询

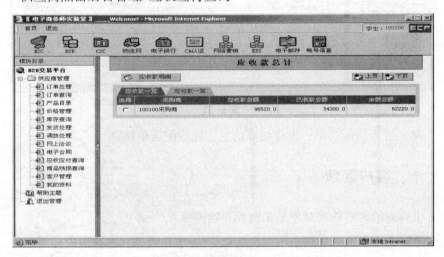

图 6-20

应收款查询：供应商的应收账在销售订单生成的同时建立应收款。

（1）点击应收应付查询，选择应收款一览；

（2）选择需要查看的采购商，点击应收款明细，可以查看该采购商应收款。

应付款查询：供应商的应付款在物流商受理配送单时被建立。

（1）点击应收应付查询，选择应付款一览；

（2）选择要查看的物流商，点击应付款明细，查看应付款的情况；

（3）选择相应的配送单，点击配送单明细，查看配送单。

配送单结算：

（1）先进行应付款查询，查询需要付款的配送单；

（2）根据配送单明细记录的款项，去电子银行转账；

（3）在应付款明细中选择已经转账的配送单，点击"配送单明细"，进入"配送单明细"；如图6-21。

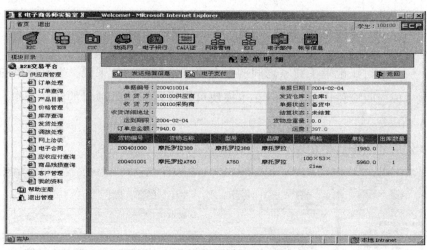

图 6-21

（4）进入该配送单，发送结算信息，完成配送单结算。

十、客户管理

供应商的客户管理对象是采购商和物流商。

采购商客户管理：点击供应商后台管理/客户管理，选择供应商页面。

签约商户管理：采购商前台申请签约后，供应商在客户管理中对采购商的折扣和信誉额度进行修改，也可以对该采购商的客户资料进行查询。

物流商客户管理：主要是物流商的资料查询。点击供应商后台管理/客户管理，选择物流商页面，就可以查询物流商客户。

十一、投标管理

本模块模拟供应商参加采购商的投标管理过程。供应商可以查看采购商发出的招标书，供应商填写完成后，进行投标；投标成功后双方签订合同，形成采购单，并进入到 B2B 销售单的处理流程中，实现后继的销售及配送的全过程。

（1）供应商查看招标公告，下载标书。如图 6-22。

（2）供应商查看招标书，填写投标书，提交投标书竞标。

（3）供应商查看中标公告，如果中标，双方签订合同，生成销售单。

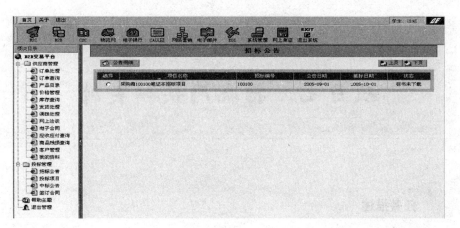

图 6-22

 **重点及注意事项**

（1）设置信誉价格时所列出的商品信息时未经设置该信誉等级价格的商品信息。已设置了信誉价格的商品信息只能在信誉价格管理页面中显示。点击保存时只保存当前页的信誉价格设置信息。

（2）这时单据状态为"未入库"，供应商要等物流商确认入库后，才完成发货处理流程。

（3）这时候单据状态为"待处理"，供应商要等待物流商对该调拨单进行入库处理后，调拨单的状态就会变为"调拨完成"完成调拨过程。

项目七　物流网模拟实训

 任务描述

L公司是一家空调生产商，企业名称为 L×××，其产品为×××空调。W公司是一家物流公司，企业注册为 W×××，该物流公司拥有2个仓库和2辆卡车。L公司为了顺利开展业务，特向W公司申请物流服务。W公司经过审核，批准了L公司的申请。于是L公司让W公司往仓库里发了200台空调，及时补充了库存。请在电子商务师实验室模拟完成上述操作。（×××代表学生学号后3位，其他信息自定义。）

 **学习目标**

（1）了解物流管理的基本概念以及物流的发展和分类；

（2）熟悉第三方物流的含义以及工作性质和范围；

（3）掌握物流商与供应商之间的业务联系，进行入库、出库、调配等业务操作；

（4）营建物流的仓储、运输等基础设施和设备；

（5）进行物流货运；

（6）能够进行现代物流信息管理。

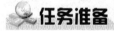 **任务准备**

电子商务下的网上销售系统一般应具有三个基本功能：订货功能、结算功能和配送功能。而配送系统既是网上企业实现其劳动价值和产品使用价值的重要环节，又是提高网上企业经济效益的重要途径，所以电子商务下的物流配送问题备受关注。国外网上企业的管理者一般采取两种方式实现货物的配送：物流配送中心和物流代理。目前，美国、日本等发达国家主要采用前者。

1. 高效的物流配送中心

美国的物流配送业发展起步早、经验成熟，尤其是信息化管理程度高，对我国物流发展有很大的借鉴意义。美国物流模式强调"整体化的物流管理系统"，是一种以整体利益为重、冲破按部门分管的体制，统一规划的管理方式。从市场营销角度看，物流管理包括分配计划、运输、仓储、市场研究、为客户服务五个过程。流通和服务角度看，物流管理包括需求预测、订货、购买原材料、加工，即从原材料购买直至送达顾客的全部物资流通过程。

从 20 世纪 60 年代起，商品配送合理化在发达国家普遍得到重视。为了向流通领域要效益，美国企业采取了以下措施：一是将老式的仓库改为配送中心；二是引进电脑管理网络，对装卸、搬运、保管实行标准化操作，提高作业效率；三是连锁店共同组建配送中心，促进连锁店效益的增长。美国连锁店的配送中心有多种类型，主要有批发型、零售型和仓储型三种类型。

① 批发型。美国加州食品配送中心是全美第二大批发配送中心。它建于 1982 年，建筑面积为 10 万平方米，工作人员约为 2000 人，共有全封闭型温控运输车 600 多辆，1996 年销售额达 20 亿美元。它经营的商品均为食品，有 43000 多个品种，其中有 98% 的商品由该公司组织进货的，另有 2% 的商品是由该中心开发加工的，主要是牛奶、面包等新鲜食品。该中心实行会员制，各会员超市根据店铺的规模大小及所需商品配送量的不同，向中心交纳不同的会员费。作为会员店在日常交易中与其他店一样，不享受任何特殊的待遇，但可以参加配送中心定期的利润分配。由于该配送中心本身不是盈利单位，可以不交营业税。所以当配送中心获得利润时，采取分红的形式，将部分利润分给会员店。会员店分得红利的多少，将视其在配送中心的进货量和交易额的多少而定，多者多分。

该配送中心主要依靠计算机进行管理。业务部通过计算机获取会员店的订货信息，及时向生产厂家或者储运部发出要货指示单；厂家和储运部再根据要货指示单的先后缓急安排配送的先后顺序，将分配好的货物放在待配送口等待发运。配送中心 24 小时运转，配送半径一般为 50 千米。

该配送中心与制造商、超市协商制定商品的价格。主要依据是：商品数量与质量；付款时间，如在 10 天内付款可以享受 2% 的价格优惠；配送中心对各大超市配送商品的加价率，根据商品的品种、档次不同以及进货量的多少而定，一般在 2.9%~8% 之间。

② 零售型。美国沃尔玛商品公司的配送中心是典型的零售型配送中心。该配送中心是沃尔玛公司独资建立的，专为本公司的连锁店按时提供商品，确

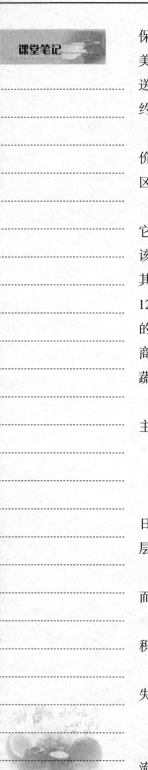

保各店稳定经营的设施。该配送中心的建筑面积为 12 万平方米，投资 7 000 万美元，有职工 1200 多人，配送设备包括 200 辆车头、400 节车厢、13 条配送传送带，配送场内设有 170 个接货口。该配送中心 24 小时运转，每天为分布在纽约州、宾夕法尼亚州等地的沃尔玛公司的 100 多家连锁店配送商品。

在沃尔玛各连锁店销售的商品，根据各地区收入和消费水平的不同，其价格也有所不同。总公司对价格差价规定了上下限，原则上不能高于所在地区同行业同类商品的价格。

③ 仓储型。美国福来明公司的食品配送中心是典型的仓储式配送中心。它的主要任务是接受美国独立零货商联盟加州总部的委托业务，为该族盟在该地区的 350 家加盟店负责商品配送。该配送中心建筑面积为 7 万平方米，其中有冷藏库 4 万平方米，杂货库 3 万平方米，经营 8.9 万个品种，其中有 1200 个品种是美国独立杂货商联盟开发的，必须集中配送。在其加盟店经营的商品中，有 70% 左右的商品由该中心集中配送，一般鲜活商品和怕碰撞的商品，如牛奶、面包、炸土豆片、瓶装饮料和啤酒等，从当地厂家直接进货，蔬菜等商品从当地的批发市场直接进货。

美国配送中心的库内布局及管理井井有条，使繁忙的业务互不影响，其主要经验是：

第一，库内货架间设有多条通道和多个进货口。

第二，包装以托盘为主，4 组集装箱为一货架。

第三，商品的堆放分为储存的商品和配送的商品。一般根据商品的生产日期、进货日期和保质期，按照先进库的商品先出库的原则，在存货架的上层放置后进的储存商品，在存货架的下层放置待出库的配送商品。

第四，由于按品种配货的通常是整箱货，数量多，所以利用叉车配货；而门店配货通常是细分货，数量少，所以利用传送带配货。

第五，体积大而重量轻的商品（如卫生纸等）用叉车配货，重量大、体积小的商品用传送带配货。

第六，在特殊商品存放区（如少量高价值的药品、滋补品等），为防止丢失，用铁丝网圈起，标明无关人员不得人内。

2. 适应电子商务的一种全新的物流模式——第三方物流

物流代理（Third Party logistics，简称 TPL）的字面涵义为第三方提供物流服务，其定义为："物流渠道中的专业化物流中间人，以签订合同的方式，在一定期间内，为其他公司提供的所有或某些方面的物流业务服务。"

从广义的角度以及物流运行的角度看，它包括一切物流活动，以及发货人可以从专业物流代理商处得到的其他一些增值服务。提供这一服务，是以发货人和物流代理商之间的正式合同为条件的。这一合同明确规定了服务费用、期限及相互责任等事项。

狭义的物流代理专指本身没有固定资产但仍承接物流业务，借助外界力量，负责代替发货人完成整个物流过程的一种物流管理方式。物流代理公司承接了仓储、运输代理后，为减少费用的支出，同时又要使生产企业觉得有利可图，就必须在整体上尽可能地加以统筹规划，使物流合理化。

电子商务下的物流配送，是信息化、现代化、社会化的物流和配送，是指物流配送企业采用网络化的计算机技术和现代化的软件系统及先进的管理手段，针对社会需求，严格地、守信用地按用户要求完成商品地采购、存储、配送等一系列环节。如果缺少了现代化的物流管理，无论电子商务是多么便捷地贸易形式，仍将是无米之炊。

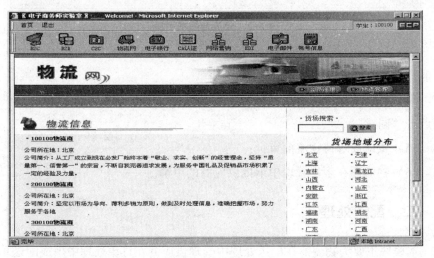

图7-1 物流网

进行物流操作之前，必须进行身份注册学生进入物流网，如图7-1所示页面。选择物流模块；点击"物流注册"按钮，填写注册信息，点击"确定"，完成注册。

物流管理前台主要功能是浏览物流商的信息，同时供供应商申请物流服务。供应商可以选择多个物流商，每个物流商有多个仓库，供应商把货物存放到物流商的任何仓库中。

一、申请物流服务

（1）供应商在物流管理前台浏览物流商信息，选择合适的物流商作为自己的物流服务商；

（2）点击该物流商，进入物流商资料页面，如图7-2；

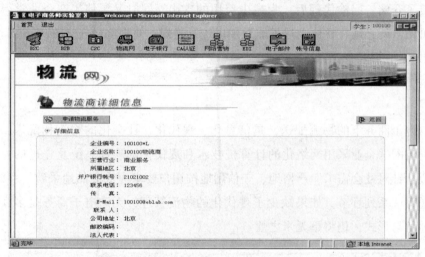

图7-2 物流商资料页面

（3）物流商点击"申请物流服务"按钮，系统验证该身份，显示CA验证框；

（4）供应商正确选择自己的身份后，系统显示物流服务许可协议，供应商点击"同意"；

（5）供应商等待物流商审批；

（6）物流商在客户管理中审批供应商的申请。

二、配送处理

本模块主要为物流商在配送处理中受理供应商在订单处理中生成配送单。

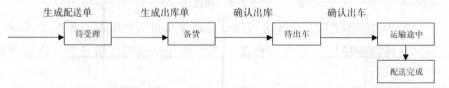

图7-3

配送处理流程如下图7-3所示。

（1）物流商进入配送处理模块，如图7-3所示，选择"待受理"的配送

单，点击"订单明细";

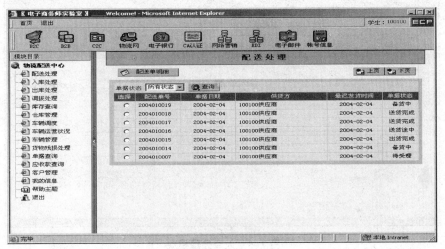

图 7-4 配送处理模块

（2）系统进入配送单明细，点击"生成出库单"，系统提示出库单生成。

（3）物流商进入"出库处理"，确认出库，配送单状态变为"出货完成";

（4）物流商进入"车辆调度"进行派车处理，配送单状态变为"送货途中";

（5）物流员送货完毕，物流商进入配送处理模块，选择单据状态为"送货途中"的单据，点击"单据明细"，进入该配送单明细;

（6）物流商点击"送货完成"，配送单状态变为"送货完成"，完成物流配送处理流程。

三、入库处理

本模块主要是为配送中心提供入库处理。供应商发货生成的"发货单"和供应商调拨生成的"调拨单"必须经过物流商确认登记入库后，才能进入库存。

入库处理流程如下：

（1）物流商进入入库处理模块，选择单据状态为"未入库"的单据，见图 7-5;

课堂笔记

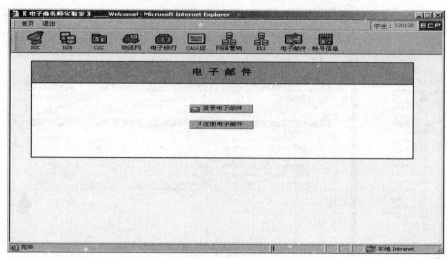

图7-5　入库处理模块

（2）点击"单据明细"，进入后点击"确认入库"，库存增加，完成单据入库处理。

四、出库处理

本模块主要为配送中心提供出库处理。物流商受理配送单后，要对商品进行出库，减少库存。

出库流程如下：

（1）物流商配送中心根据配送要求，生成出库单；

（2）物流商点击"出库处理"模块，选择单据状态为"未出库"的出库单，点击"出库单明细"审核出库单；

（3）物流商点击"确认出库"；系统将出库单中的货物数量从指定仓库的库存中减去，完成出库处理。

五、调拨处理

本模块主要是对供应商的调拨要求，进行审核确认。

调拨处理流程如下：

（1）供应商生成的调拨单，在这里等待物流商处理，单据状态为"未处理"。

（2）物流商点击后台管理/调拨处理，选择单据状态为"未处理"的调拨单，点击订单明细；

（3）进入订单明细审核后，点击"调拨确认"完成调拨处理。

六、货物残损处理

本模块主要是对供应商的仓储中发生残损的货物进行处理。

货物残损处理流程如下：

（1）物流商进入后台管理，点击"货物残损处理"，进入"货物残损单列表"页面；

（2）点击"新建货物残损单"按钮，进入"新建残损单"页面，见图7-6；

图7-6　货物残损处理

（3）点击选择货主，再点击选择仓库，系统列出仓库的商品信息；

（4）点击选择需要残损处理的库存商品、填写残损数据，然后点击"确认"，系统生成货物残损单。

七、库存查询

与供应商库存查询相同。

八、仓库管理

本模块是物流商对自己的仓库进行新增，修改，和删除；点击物流商后台管理/仓库管理模块。

新增仓库：点击新增仓库，进入"新增仓库信息"页面，填写仓库信息，点击"确定"，完成新增仓库。

删除仓库：选择需要删除的仓库（前提是仓库必须没有库存），点击"删除仓库"，系统完成删除仓库。

仓库明细：选择需要修改的仓库，点击"仓库明细"，系统进入仓库明细，修改后，点击"保存"，完成仓库修改。

九、车辆调度

物流商出库处理完成后，进入该模块进行车辆调度，点击物流商后台管理/车辆调度，见图7-7。

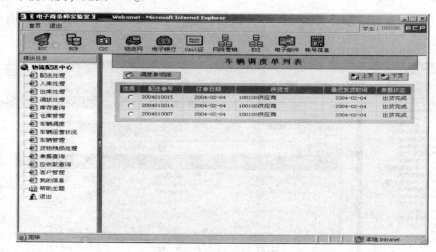

图7-7 车辆调度

车辆调度流程：

（1）择单据状态为"出货完成"的单据，点击"调度单明细"；

（2）系统进入调度单明细，点击"车辆分配"；

（3）选择合适的车辆（运输能力必须大于货物总重量）点击"分配"返回上一页；

（4）点击确定分配，完成车辆调度。

十、车辆运营状况

物流商在本模块能了解所有车辆的运营情况。

十一、车辆管理

本模块是物流商对自己的车辆进行删除，修改、新增的地方，包含新增车辆模块、车辆信息模块、报废车辆模块，见图7-8。

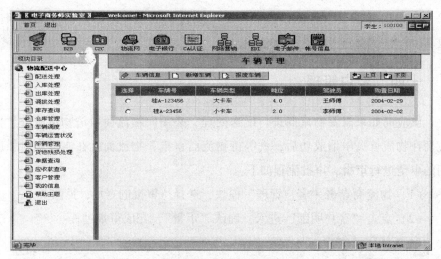

图 7-8 车辆管理

车辆信息模块：该模块对车辆信息进行修改。

选择要修改的车辆，点击车辆信息模块，填写要修改的车辆信息，点击"确定"，完成修改。

新增车辆：点击新增模块，进入新增车辆信息页面，填写新车信息，点击"确定"，完成车辆的增加。

报废车辆：选择要报废的车辆，点击"报废车辆"，完成车辆的报废过程。

十二、单据查询

本模块包括配送单，入库单、出库单、调拨单查询。查询各种订单的历史记录，查询内容包括订单号、订单日期、货主、调入仓库、调出仓库、单据状态等。查询条件包括：订单号、订单起止日期和货主。点击物流商后台管理/单据查询。

查询流程如下：

物流商进入订单查询页面，选择需要查询的单据类型，选择或输入查询条件，单击"查询"按钮，开始查询，系统显示查询结果列表，物流商选择结果列表中的订单，单击"订单明细"按钮，系统显示订单明细。

十三、应收款查询

物流商的应收账在配送订单生成的同时建立应收款。

（1）点击物流商后台管理/应收查询，选择应收款一览；

101

（2）选择需要查看的供应商，点击应收款明细，可以查看该供应商应收款。

十四、客户管理

供应商如果需要物流商进行配送处理，必须向物流商申请物流服务，供应商在物流首页申请成功后，就等待物流商审批；物流商就在本模块对供应商的申请进行审批，审批流程如下：

（1）物流商点击"客户管理"模块，选择待审批的客户，见图7-9；

（2）点击"客户明细"进入，确认"审批"，完成审批过程。

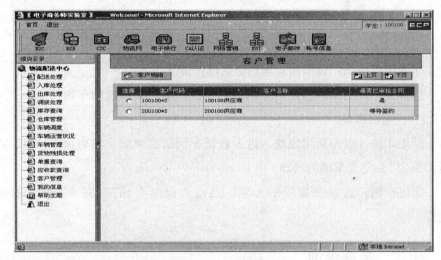

图7-9　客户管理

 **重点及注意事项**

（1）物流网在操作之前要做初始化工作后才能正常运行，首先要注册身份才能进行物流操作。同时还要增加仓库和新增车辆。

（2）出库单生成后，要转入下一步"出库处理"模块才完成出货过程；回到配送单页面，配送单状态显示为"备货中"。

项目八 网络营销模拟实训

任务一 网站建设、域名主机、搜索引擎

任务描述

王晓是科能×××企业新招聘的电子商务人员，该公司想建立一个自己的网站，要求王晓先去申请一个 http：//www.ec.net.cn 的域名。要求期限为三年，域名指向 http：//www.ec.com；再购买一个虚拟主机空间，期限为五年，捆绑的域名为 http：//www.ec.net.cn；最后购买一个搜索引擎，关键词为"电子信息、通讯"，网站域名为 http：//www.ec.net.cn。请在电子商务实训室模拟完成，×××代表学生学号后三位。

学习目标

（1）了解网络营销产生的背景和发展历程；

（2）基本理解网络营销的发展趋势及其对市场营销的重大影响；

（3）掌握网络营销的促销策略；

（4）基本理解网络营销市场调研的含义、原则、方法、步骤和策略。

任务准备

网络营销（On-Line Marketing 或 E-Marketing）就是以国际互联网络为基础，利用数字化的信息和网络媒体的交互性来辅助营销目标实现的一种新型的市场营销方式。

一、概　述

（一）广义的网络营销

网络营销概念的同义词包括：网上营销、互联网营销、在线营销、网络行销等。这些词汇说的都是同一个意思，笼统地说，网络营销就是以互联网为主要手段开展的营销活动。

网络营销具有很强的实践性特征，从实践中发现网络营销的一般方法和规律，比空洞的理论讨论更有实际意义。"中国网络营销网"汇集了最新、最全、最完善的网络营销资讯。因此，如何定义网络营销其实并不是最重要的，关键是要理解网络营销的真正意义和目的，也就是充分认识互联网这种新的营销环境，利用各种互联网工具为企业营销活动提供有效的支持。这也是为什么在网络营销研究必须重视网络营销实用方法的原因。

（二）狭义的网络营销

狭义的网络营销是指组织或个人基于开放便捷的互联网络，对产品、服务所做的一系列经营活动，从而达到满足组织或个人需求的全过程。网络营销是一种新型的商业营销模式。

（三）网络营销的通俗定义：以互联网为工具营造销售氛围的活动

网络营销不是网上销售：销售是营销到一定阶段的产物，销售是结果，营销是过程；网上销售的推广手段不仅靠互联网，传统电视、户外广告、宣传单亦可。网络营销不仅限于网上：一个完整的网络营销方案，除了在网上做推广外，还有必要利用传统方法进行线下推广。这可以理解为关于网络营销自身的营销，就像关于广告的广告一样。

二、网络营销方法

（一）网站建设

根据企业具体情况及其产品的特征优势，分经营与技术层面对网站的形象、内容、功能等进行规划设计，最终建设成为企业在网上进行品牌与业务传播沟通的平台。

（二）网络广告

配合企业整体营销战略，发挥网络互动性、及时性、多媒体、跨时空等特征优势，策划吸引客户参与的网络广告形式，选择适当网络媒体进行网络广告投放。

（三）搜索引擎

通过搜索引擎优化，搜索引擎排名以及研究关键词的流行程度和相关性，使得在搜索引擎结果页面取得较高的排名的营销手段。

（四）网络邮件

通过电子邮件的方式向目标用户传递有价值信息，针对性强，网络营销的价值已经得到越来越多企业的认可，而 Email 营销又是网络营销的重要内容。

（五）网络论坛

在高度集中性及共享性的论坛，通过发表有代表性的言论并适当引导，也是一种特别的网络营销方法，此种方法目标范围较窄，但针对性极强。

（六）网络杂志

网络杂志营销即是在网络杂志上投放软硬广告，与 Email 营销不同、网络杂志有着内容和信誉的充分保障，由专业人员精心编辑制作，具有很强的时效性、可读性和交互性。

（七）博客营销

博客的影响力正在日益上升，诸多名人开博，为博客聚拢了大量人气，实际上博客聚集了大量的舆论领袖，通过博客，我们可以充分借助名人效应，形成口碑传播。

（八）"病毒"性营销

"病毒"性营销并非真的以传播病毒的方式开展营销，而是通过用户的口碑宣传网络，信息像病毒一样传播和扩散，利用快速复制的方式传向数以千计、数以百万计的受众。"病毒"性营销的经典范例是 Hotmail.com。现在几乎所有的免费电子邮件提供商都采取类似的推广方法。

（九）网络活动

在门户网站或专业网站举办网络专题活动，如网络有奖调研、各种网络比赛、选秀等。

（十）视频营销

视频已经成为网民最喜欢和最关注的网络传播形式。在各大播客网站上传视频，投放视频广告。

三、网络营销的特点

随着互联网技术发展的成熟以及联网成本的低廉，互联网好比是一种"万能胶"将企业、团体、组织以及个人跨时空联结在一起，使得他们之间信息的交换变得"唾手可得"。市场营销中最重要也最本质的是组织和个人之间进行信息传播和交换。如果没有信息交换，那么交易也就是无本之源。正因如此，互联网具有营销所要求的某些特性，使得网络营销呈现出以下一些特点。

（一）跨时空

营销的最终目的是占有市场份额，由于互联网具有超越时间约束和空间限制进行信息交换，因此使得脱离时空限制达成交易成为可能，企业可有更多时间和更大的空间进行营销，可每周 7 天，每天 24 小时随时随地的提供全球性营销服务。

（二）多媒体

互联网被设计成可以传输多种媒体的信息，如文字、声音、图像等信息，使得为达成交易进行的信息交换能以多种形式存在和交换，可以充分发挥营销人员的创造性和能动性。

（三）交互式

互联网通过展示商品图像，商品信息资料库提供有关的查询，来实现供需互动与双向沟通。还可以进行产品测试与消费者满意调查等活动。互联网为产品联合设计、商品信息发布以及各项技术服务提供最佳工具。

（四）个性化

互联网上的促销是一对一的、理性的、消费者主导的、非强迫性的、循序渐进式的，而且是一种低成本与人性化的促销，避免推销员强势推销的干扰，并通过信息提供与交互式交谈，与消费者建立长期良好的关系。

（五）成长性

互联网使用者数量快速成长并遍及全球，使用者多属年轻、中产阶级、高教育水准，由于这部分群体购买力强而且具有很强市场影响力，因此是一项极具开发潜力的市场渠道。

（六）整合性

互联网上的营销可由商品信息至收款、售后服务一气呵成，因此也是一种全程的营销渠道。另一方面，企业可以借助互联网将不同的传播营销活动进行统一设计规划和协调实施，以统一的传播咨讯向消费者传达信息，避免不同传播中不一致性产生的消极影响。

（七）超前性

互联网是一种功能最强大的营销工具，它同时兼具渠道、促销、电子交易、互动顾客服务以及市场信息分析与提供的多种功能。它所具备的一对一营销能力，正是符合定制营销与直复营销的未来趋势。

（八）高效性

计算机可储存大量的信息，代消费者查询，可传送的信息数量与精确度，远超过其他媒体，并能因应市场需求，及时更新产品或调整价格，因此能及时有效了解并满足顾客的需求。

（九）经济性

通过互联网进行信息交换，代替以前的实物交换，一方面可以减少印刷与邮递成本，可以无店面销售，免交租金，节约水电与人工成本，另一方面可以减少由于迂回多次交换带来的损耗。

（十）技术性

网络营销是建立在高技术作为支撑的互联网的基础上的，企业实施网络营销必须有一定的技术投入和技术支持，改变传统的组织形态，提升信息管理部门的功能，引进懂营销与计算机技术的复合型人才，未来才能具备市场的竞争优势。

四、网络营销的技术基础

网络营销的技术基础主要是以计算机网络技术为代表的信息技术。计算机网络是现代通信技术与计算机技术相结合的产物，它把分布在不同地理区域的计算机与专门的外部设备用通信线路互连成一个规模大、功能强的网络，从而使众多的计算机可以方便地互相传递信息，共享硬件、软件、数据信息等资源。与网络营销密切相关的计算机网络主要有三种：互联网、外联网以及内联网。

五、网络营销的理论基础

网络营销的理论基础主要是网络整合营销理论、软营销理论和直复营销理论。

网络整合营销理论主要包括以下几个关键点：

（1）网络营销首先要求把消费者整合到整个营销过程中来，从他们的需求出发开始整个营销过程。网络营销要求企业的分销体系以及各利益相关者要更紧密地整合在一起。把企业利益和顾客利益整合到一起。

（2）软营销理论是相对"强势营销"而言的。该理论认为顾客在购买产品时，不仅满足基本的生理需要，还满足高层次的精神和心理需求。因此，软营销的一个主要特征是对网络礼仪的遵循，通过对网络礼仪的巧妙运用获得希望的营销效果。

（3）直复营销理论是 20 世纪 80 年代引人注目的一个概念。美国直复营销协会对其所下的定义是："一种为了在任何地方产生可度量的反应和（或）达成交易所使用的一种或多种广告媒体的相互作用的市场营销体系。"直复营销理论的关键在于它说明网络营销是可测试的、可度量的、可评价的，这就从根本上解决了传统营销效果评价的困难性，为更科学的营销决策提供了可能。

六、网络营销的职能

网络营销职能的概念，并且将网络营销的职能归纳为八个方面：网站推广、网络品牌、信息发布、在线调研、顾客关系、顾客服务、销售渠道、销售促进。网络营销的职能不仅表明了网络营销的作用和网络营销工作的主要内容，同时也说明了网络营销所应该可以实现的效果，对网络营销职能的认识有助于全面理解网络营销的价值和网络营销的内容体系，因此作者认为网络营销的职能是网络营销的理论基础之一。

● 网络品牌。网络营销的重要任务之一就是在互联网上建立并推广企业的品牌，知名企业的网下品牌可以在网上得以延伸，一般企业则可以通过互联网快速树立品牌形象，并提升企业整体形象。网络品牌建设是以企业网站建设为基础，通过一系列的推广措施，达到顾客和公众对企业的认知和认可。在一定程度上说，网络品牌的价值甚至高于通过网络获得的直接收益。

● 网址推广。这是网络营销最基本的职能之一，在几年前，甚至认为网络营销就是网址推广。相对于其他功能来说，网址推广显得更为迫切和重要，网站所有功能的发挥都要以一定的访问量为基础，所以，网址推广是网络营销的核心工作。

● 信息发布。网站是一种信息载体，通过网站发布信息是网络营销的主要方法之一，同时，信息发布也是网络营销的基本职能，所以也可以这样理解，无论哪种网络营销方式，结果都是将一定的信息传递给目标人群，包括顾客/潜在顾客、媒体、合作伙伴、竞争者等等。

● 销售促进。营销的基本目的是为增加销售提供帮助，网络营销也不例外，大部分网络营销方法都与直接或间接促进销售有关，但促进销售并不限于促进网上销售，事实上，网络营销在很多情况下对于促进网下销售十分有价值。

● 销售渠道。一个具备网上交易功能的企业网站本身就是一个网上交易场所，网上销售是企业销售渠道在网上的延伸，网上销售渠道建设也不限于网站本身，还包括建立在综合电子商务平台上的网上商店，以及与其他电子商务网站不同形式的合作等。

● 顾客服务。互联网提供了更加方便的在线顾客服务手段，从形式最简单的 FAQ（常见问题解答），到邮件列表，以及 BBS、聊天室等各种即时信息服务，顾客服务质量对于网络营销效果具有重要影响。

● 顾客关系。良好的顾客关系是网络营销取得成效的必要条件，通过网站的交互性、顾客参与等方式在开展顾客服务的同时，也增进了顾客关系。

● 网上调研。通过在线调查表或者电子邮件等方式，可以完成网上市场调研，相对传统市场调研，网上调研具有高效率、低成本的特点，因此，网上调研成为网络营销的主要职能之一。

开展网络营销的意义就在于充分发挥各种职能，让网上经营的整体效益最大化，因此，仅仅由于某些方面效果欠佳就否认网络营销的作用是不合适的。网络营销的职能是通过各种网络营销方法来实现的，网络营销的各个职能之间并非相互独立的，同一个职能可能需要多种网络营销方法的共同作用，而同一种网络营销方法也可能适用于多个网络营销职能。

七、网络营销常用营销方式

常用的网络营销方法除了搜索引擎注册之外还有：网络广告、交换链接、信息发布、邮件列表、许可 E-mail 营销、个性化营销、会员制营销、病毒性营销等等。下面简要介绍十种常用的网络营销方法。

（一）搜索引擎注册与排名

这是最经典、也是最常用的网络营销方法之一，现在，虽然搜索引擎的效果已经不像几年前那样有效，但调查表明，搜索引擎仍然是人们发现新网站的基本方法。因此，在主要的搜索引擎上注册并获得最理想的排名，是网

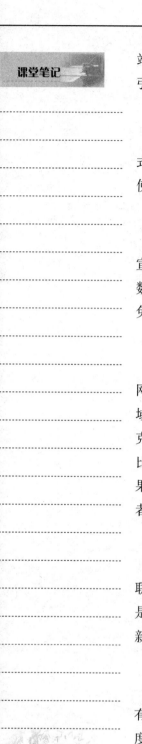

站设计过程中就要考虑的问题之一，网站正式发布后尽快提交到主要的搜索引擎，是网络营销的基本任务。

（二）交换链接

交换链接或称互惠链接，是具有一定互补优势的网站之间的简单合作形式，即分别在自己的网站上放置对方网站名称并设置对方网站的超级链接，使得用户可以从合作网站中发现自己的网站，达到互相推广的目的。

（三）病毒性营销

病毒性营销并非真的以传播病毒的方式开展营销，而是通过用户的口碑宣传网络，信息像病毒一样传播和扩散，利用快速复制的方式传向数以千计、数以百万计的受众。病毒性营销的经典范例是 Hotmail.com。现在几乎所有的免费电子邮件提供商都采取类似的推广方法。

（四）网络广告

几乎所有的网络营销活动都与品牌形象有关，在所有与品牌推广有关的网络营销手段中，网络广告的作用最为直接。进入 2001 年之后，网络广告领域发起了一场轰轰烈烈的创新运动，新的广告形式不断出现，新型广告由于克服了标准条幅广告条承载信息量有限、交互性差等弱点，因此获得了相对比较高一些的点击率。有研究表明，网络广告的点击率并不能完全代表其效果，网络广告对那些浏览而没有点击广告的、占浏览者总数 99% 以上的访问者同样产生作用。

（五）信息发布

信息发布既是网络营销的基本职能，又是一种实用的操作手段，通过互联网，不仅可以浏览到大量商业信息，同时还可以自己发布信息。最重要的是将有价值的信息及时发布在自己的网站上，以充分发挥网站的功能，比如新产品信息、优惠促销信息等。

（六）许可 Email 营销

基于用户许可的 Email 营销比传统的推广方式或未经许可的 Email 营销具有明显的优势，比如可以减少广告对用户的滋扰、增加潜在客户定位的准确度、增强与客户的关系、提高品牌忠诚度等。开展 Email 营销的前提是拥有潜在用户的 Email 地址，这些地址可以是企业从用户、潜在用户资料中自行收集整理，也可以利用第三方的潜在用户资源。

（七）邮件列表

邮件列表实际上也是一种 Email 营销形式，邮件列表也是基于用户许可的原则，用户自愿加入、自由退出，稍微不同的是，Email 营销直接向用户发送促销信息，而邮件列表是通过为用户提供有价值的信息，在邮件内容中加入适量促销信息，从而实现营销的目的。

（八）个性化营销

个性化营销的主要内容包括：用户定制自己感兴趣的信息内容、选择自己喜欢的网页设计形式、根据自己的需要设置信息的接收方式和接受时间等等。据研究，为了获得某些个性化服务，在个人信息可以得到保护的情况下，用户才愿意提供有限的个人信息，这正是开展个性化营销的前提保证。

（九）会员制营销

会员制营销已经被证实为电子商务网站的有效营销手段，国外许多网上零售型网站都实施了会员制计划，几乎已经覆盖了所有行业，国内的会员制营销还处在发展初期，不过已经看出电子商务企业对此表现出的浓厚兴趣和旺盛的发展势头，一度是中国电子商务旗帜的时代珠峰公司（My8848. net）于 2001 年 3 月初推出的"My8848 网上连锁店（U-Shop）"就是一种会员制营销的形式。现在，西单电子商务公司网上商场同样采用了这种营销思想，不过在表现形式上有一定的差别。

（十）网上商店建立在第三方提供的电子商务平台上、由商家自行经营网上商店

如同在大型商场中租用场地开设商家的专卖店一样，是一种比较简单的电子商务形式。网上商店除了通过网络直接销售产品这一基本功能之外，还是一种有效的网络营销手段。

八、网络营销两把利剑

随着下一代网络隐约浮现，新一代网络营销工具"窄告"又掀起了网络营销升级热潮。"窄告"有效地弥补了搜索引擎竞价广告单一关键词竞价、覆盖率低等天然不足，为企业提供了一种全新的网络营销手段，使得企业可以挥舞"搜索引擎竞价广告"、"窄告"两把利剑，在网络营销中杀出一条新路来。

营销是产品的生命线。一种全新的营销模式，可以促成许多企业及产品的成长、壮大与成功。随着互联网的高速发展，网络营销已经帮助越来越多的中小企业走向成功。当前，搜索引擎竞价广告是被中小企业广泛使用的一种营销工具，它基于搜索引擎，效果比较直观，只要肯花钱就能占据较好的

课堂笔记

展示位置，是一种很好的推广方式。但正所谓"金无足赤"，由于搜索引擎竞价广告只在搜索结果页面展示，而且每个关键词都必须进行一次竞价，也存在着网民接触面有限、单个关键词竞争激烈的不足之处。

随着下一代网络隐约浮现，新一代网络营销工具"窄告"有效地弥补了搜索引擎竞价广告单一关键词竞价、覆盖率低、使用门槛高等天然不足，为企业提供了一种全新的网络营销工具，使得企业可以挥舞"搜索引擎竞价广告"、"窄告"两把利剑，进行更加有效的网络营销组合。

"窄告"（http://www.narrowad.com/）是由天下互联推出的，在新浪网、网易、TOM、中华网、人民网、新华网、中国新闻网等上千家权威网站投放的与文章上下文内容智能匹配的网络分众广告。窄告开创了"每次点击最低价0.2元人民币、免费展示"的全新收费模式，被誉为"全球价格最低的广告"，覆盖90%以上的中文网民。相对于搜索引擎竞价广告，窄告通过以下几点优势弥补了竞价广告的不足之处：

首先，从受众价值来看，搜索引擎竞价广告基于搜索引擎，只有习惯于进行搜索的网民，才能经常看到竞价广告，目前，这些网民以年轻人居多，虽然他们能够熟练使用搜索，但是消费能力却不是太强。"窄告"基于网络新闻，影响的网民以具有浏览新闻习惯、工作稳定、收入丰厚的中青年人士居多，很多处于管理决策层，不仅消费能力更强，决策权也更加集中，"窄告"的主体客户群商业价值较高。

其次，从消费者接触面来看，搜索引擎竞价广告，只是在搜索结果的单一页面出现，如果网民不进行以"鲜花"为主题词的搜索，则"鲜花"的竞价广告是展示不了的；而"窄告"和文章上下文自动关联、智能匹配，属于嵌入式网络广告，比如，一个关心汽车新闻的网民，不论是通过搜索后点击，还是通过浏览新闻目录，都会浏览到汽车的最新新闻，在新闻旁边，和汽车相关的"窄告"就会自动出现。从这个角度来看，"窄告"通过嵌入网页文章而发布，不管是通过搜索引擎点击后访问的青少年网民，还是通过浏览新闻而过来的中老年网民，都能够全面覆盖。窄告比搜索引擎竞价广告覆盖面更广、曝光率更高。

再次，从价格来看，搜索引擎竞价广告基于单个关键词竞价，也就是说，如果一个企业生产或者销售袜子，包括男袜、女袜，它就必须至少在"袜子"、"男袜"、"女袜"三个关键词竞价，而且都是在搜索引擎结果的一个页面上竞价，竞争激烈，成本上升；而窄告并不是基于搜索引擎，所以一个窄告可以设定多个关键词，可以在新浪、TOM、中华网等全国上千家网站投放，每次点击最低价 0.2 元人民币，而且不点击不收费，这样，客户不用哄抢某一个单一关键词，而且还享受到了全国性的免费宣传，价格也比搜索引擎竞价广告低的多（起价窄告 0.2 元，竞价广告 0.3 元），这样，"窄告"就克服了搜索引擎竞价广告的单一关键词竞价和竞争过激的缺陷，具有免费宣传和按效果付费的双重功效，价格更低。

最后，从品牌影响力来看，搜索引擎竞价广告的入口比较单一，比如Google、百度，都各自推出自己的搜索竞价广告产品，但只能在它们自己的搜索引擎结果页面上出现，很难覆盖到大型的门户网站；而"窄告"属于广告范畴，基于很多媒体组合，影响面很广，拥有包括新浪、网易、TOM、中华网、人民网、新华网、中国新闻网等上千家中国最为权威的网络媒体资源，对中国网民的覆盖面达到 90% 以上，只要投放了"窄告"，客户的营销服务信息就可以覆盖到全国最权威的网站。从而，窄告克服了搜索引擎竞价广告入口单一的局限，更能通过权威的媒体网络，建立起产品、服务的分众品牌。

总之，窄告通过在全国上千家最为权威的网站进行嵌入式投放，不点击不收费，每次点击最低价格仅仅为 0.2 元，不仅目标客户群价值更高、消费者接触面更广、花费更少、品牌影响力更高，有效弥补了搜索引擎竞价广告的不足。营销人员可以利用窄告的优点，将搜索引擎竞价广告与"窄告"进行有效的营销组合，提升网络营销效果。

九、网络营销服务日趋完善

目前，网络公司为企业提供的常规网络应用服务主要有以下几种：

第一种是基础网络应用服务，主要包括互联网接入服务、服务器租用或托管服务、域名注册服务、虚拟主机服务、企业邮局服务等等；

第二种是企业上网服务，包括企业网站建设、改版和更新维护等服务；

第三种是网络推广服务，包括搜索引擎登录、投放网络广告、商务信息发布、发送邮件广告等等。

随着网络营销理论体系的建立和健全，网络营销服务逐渐成为网络应用服务中的主要内容。企业上网服务和网络推广服务均属于网络营销服务范畴。

企业上网服务在国内已经有五六年的历史了，市场已经做得比较成熟，在国内大中城市和经济较发达的省份，企业上网率有了很大的提高，传统企业对互联网不再陌生。

网络推广服务则是最近几年才兴起的一种网络营销服务，主要包括企业网站推广和企业产品和品牌推广两种。

近来，一种新的网络营销服务形式又频繁出现在众人的面前，那就是网络咨询顾问服务。给企业网站号脉，出具诊断书，然后根据企业现状制定企业网络营销计划，协助企业共同开展网络营销，这是网络咨询顾问服务的主要内容。有了网络咨询顾问，企业就可以避免出现盲目进行网络推广，白白耗费了精力和财力，另一方面收效甚微的局面。

由此可见，进入新世纪以来，网络营销服务也是在实践探索中，不断变化发展，并日趋完善的。网络营销服务越来越贴近企业的需求，而不再是一个口号或空对空的高射炮，企业利用互联网追求的是实实在在的效果，网络营销服务企业就必须满足客户的需求，提供实际的产品和服务，这样才可以生存发展下去。虽然网络营销是一个全新的行业，许多工作都需要在实践中摸索，但我们欣喜地看到，网络营销服务正在努力迎合企业客户的需要，并不断的完善自我，行业市场逐渐发展壮大起来。

未来的网络营销服务市场将更加巨大，行业分工将更细，服务方向主要有代理产品服务、专业营销服务及咨询顾问服务三种，三者将有机结合，为企业客户提供高效、便捷的网络营销服务。如果我们把企业客户比喻成需要治疗的病人，那么代理产品服务就可以看作是药店，专业营销服务可以看作是医院，咨询顾问服务则就是医生了。

任务实施

一、网络营销注册

网络营销公司采取会员制服务管理，会员注册成功后，申请网络营销公司提供的服务，就不用再次填写大量重复的信息，只需填写该服务必需的信息即可。

注册流程如下：

（1）点击网络营销首页如图8-1，选择注册；

图 8-1　网络营销首页

（2）进入注册页面，填写注册信息，点击"确定"完成注册。

二、网站建设

点击网络营销/网站建设。

三、域名主机

用户在前台申请域名主机，网络营销商在后台管理域名主机。

申请域名（前台）：

（1）网站建设首先要申请域名，点击"域名主机"如图 8-2，填写网站域名，点击注册；

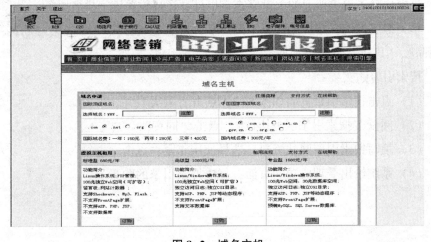

图 8-2　域名主机

（2）系统审核该域名是否有重复，域名审核通过后，点击"继续"；

（3）阅读用户域名协议；

（4）填写用户名和密码，点击"继续"；

（5）选择域名使用时间，点击"继续"；

（6）系统给出域名注册信息，完成注册。

域名管理（后台）：

（1）点击网络营销首页，进行会员登录；

（2）点击域名管理，选择需要修改的域名，点击"域名信息"；

（3）填写 URL 指向，点击"修改"。

虚拟主机租用（前台）：

（1）点击"域名主机"，查看虚拟主机租用，选择合适自己的方式；

（2）点击订购，查看虚机租用信息，点击"继续"；

（3）阅读用户协议同意后，点击"继续"；

（4）选择域名使用时间，点击"继续"；

（5）系统给出受理成功页面，完成虚拟主机租用。

虚拟主机租用（后台）：

（1）点击网络营销首页，进行会员登录；

（2）点击"虚拟主机"模块，

（3）进入虚拟主机模块后，选择需要查看的项目，点击"虚机信息"进行查看。

四、搜索引擎

该模块除了提供普通的关键字查询以外，还提供关键字排名服务。

单关键字查询：用户提交单个关键字，按照"所有"、"网站"、"新闻"、"商品"、"广告"五个类别搜索。

搜索引擎购买：

（1）点击搜索引擎页面如图 8-3，点击"购买"；

（2）阅读《搜索引擎服务协议》，点击"同意"；

（3）填写搜索引擎网站资料，选择使用年限，点击"继续"；

（4）系统给出受理成功的页面，完成搜索引擎的购买。

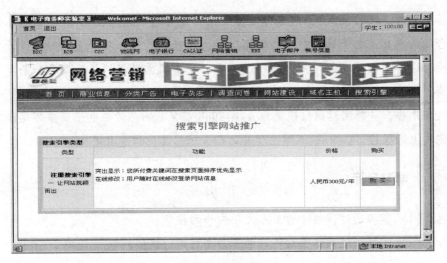

图 8-3　搜索引擎

重点及注意事项

（1）搜索引擎用户在搜索引擎里输入一个关键字，通常得到很多搜索结果，这些搜索结果的排名有先后之分，这就是搜索引擎排名。

（2）关键字排名服务费最低服务费为 300 元，多付不限，企业用户缴纳服务费后，可以自己编辑关键字，并且编写该关键字的说明文字，要链接的网址，以及潜在客户单次点击该关键字链接所花的费用，该基本费用是 0.30元。每个用户所能提交的关键字数量没有限制。

（3）当有潜在客户通过关键字排名点击访问企业用户的网站后，收费系统会累加这次费用，当（服务费-累加费用）＜单次点击该关键字链接所花的费用时，不再从您的账号中扣除相应费用。并通过电子邮件告知企业用户。

（4）如果多家企业同时竞买一个关键字，则搜索结果按照每次点击竞价的高低来排序。如果竞价相同，则后出价者排名靠前。

任务二　文字广告、电子杂志、邮件列表、调查问卷

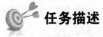任务描述

王老师是某网络培训机构的老师，他在网络上设计了一份调查问卷，问

卷类型为"学习热点",问卷标题为"请选择你喜欢的专业×××",该问卷包含的选项有:电子商务师、网络编辑师、注册会计师、项目管理师。设计完毕,选择"电子商务师"一项投了一票并查看投票结果。然后发布一条类别为"IT行业"、标题和内容均为"×××辅导班开始招生,欢迎报名参加!"的文字广告,并将网站链接设置为 www.study×××.com。请在电子商务师实验室完成上述操作。(×××代表学生学号的后3位,其他信息自定义。)

学习目标

(1) 掌握通过网络平台发布文字广告的技能;

(2) 掌握通过网络平台进行电子杂志订阅的技能;

(3) 掌握通过网络平台进行邮件列表服务的技能;

(4) 掌握通过网络平台发布调查问卷的技能。

任务准备

一、互联网时代网络营销离企业有多远

自建网站已经成为当前企业进行产品营销的必然手段,尤其是在现阶段,众商家谋生存、走出去的意识尤其明显。利用网络进行产品营销,不仅是助推企业发展的必然,更是必要。

"2008年企业家网络营销高层论坛"在河南省郑州索菲特国际饭店举行。与以往有些不同的营销论坛吸引了众多的企业家的参加。据统计,有400多位来自各行各业的企业家参加了此次论坛。

网络营销助推企业发展。显然,对于到场的很多企业家而言,网络营销还是一个很陌生的词汇,在这之前,也并没有多少企业在有意识地运用网络来推销自己的企业,推销自己的产品。正如中国搜索副总裁赵峋所言:"同沿海地区的企业相比,内陆企业在网络营销这方面的意识还相对落后,而举办此次论坛的主要目的,也是希望能够让更多的内陆企业家了解互联网,了解网络营销。"

据河南省营销协会专家委员会资深委员窦惠忠介绍,网络营销就是利用互联网作为手段,达到营销的目的。网络营销通常有 E-mail 营销、广告投放、搜索引擎优化、联属网络分销等四种形式,而最常用的是 E-mail 营销、广告投放和搜索引擎。

当互联网逐渐进入人们的生活并成为一种重要的商业手段时，与传统的营销模式相比，网络营销更像是传统的那种直接寄送商业宣传品的行销方法。天智企业管理咨询有限公司资深培训师胡耀中认为，传统的营销方法与网络营销有以下几点不同：

第一，传统的营销方法是通过向人们传递信息来销售产品或服务的，但互联网给消费者提供了一个更大、更有效的传递信息的平台，使网路营销比传统营销具有更强的传递信息的能力。

第二，根据传统的营销方法，企业很难确定那些真正需要自己产品或服务的人们，但通过互联网，企业可以在最短的时间内确定需要自己产品或服务的人们，并将他们转变成为自己的客户。

第三，传统的营销方法在一定程度上会受到距离的约束，但通过互联网可以完全不考虑空间和距离的因素，远在天边与近在咫尺都变成了理论上的距离，企业关心的不只是某个地区、国家，而是全球。

根据以上的几个简单对比，不难看出网路营销的优势所在。对于企业而言，"酒香不怕巷子深"的观念已经很难适应当今的社会，要想使企业的产品能够快速地得到推广与消费者的认可，就要全方位地利用整合营销传播方式，全方位地进行营销。而在网络营销这种营销方式的认知和利用上，众多企业显然做得还远远不够。

二、企业如何进行网络营销

尽管众多企业家认识到了网络营销的重要性，但是，网络营销并非是一门简单的学问，同众多的传统营销方式一样，网络营销也需要企业从多方面进行把握。

企业在进行网络营销时，并非只是建立一个企业自己的网站那样简单，有以下几点需要注意：

首先，企业要根据其产品、服务等特点设计网站，要体现网站的商务价值。很多企业做网站只是为了跟风，跟得上时代步伐，所建的网站并没有真正体现企业的产品性能、文化建设及商业价值，这样的网站不会给企业带来多大的效益。站在营销角度，网站的设计要简洁明了，让目标客户能很快找到自己所需要的内容。同时，要及时更新网站内容和信息，吸引更多访客的眼球。

其次，在销售、物流、信誉等方面要有保证，最大限度地满足客户需求。对于有需求的客户而言，他们一般会考虑三点：（1）他对你的产品有需求；

（2）他能很方便地获得你的产品；（3）他相信你的企业。因此，企业要搞清楚自己的目标客户，寻求目标客户较常用的网站进行产品推广。同时，要制定好物流程序，在与物流公司进行合作时，应要求其在对客户承诺的期限内到货，而且，要保证企业的信誉度，最好和产品相关的协会、科研、政府部门做好相关站点的链接，不断强化自己的客户心中的信誉度。

再次，企业要对自己的网站进行网络推广，使自己的网站能够很容易被目标客户发现。因此，企业要有针对性地做好在各大搜索引擎的关键词排名，例如，如果企业的产品是打印机，客户在网站中搜索关键词"打印机"时，一定要保证自己的网站排在前几位，让目标客户在第一时间发现自己，成交率自然会提高。同时，企业还要根据产品特点和目标客户，在相关的门户网站做广告。

事实上，网络营销是一项系统工程，它不仅仅因为在营销的过程中，将采用一种全新的技术和手段，进行商务运作，更是企业一种影响未来生存的选择，一种现代企业的经营能力和竞争实力的表现和反映。建立一个商务营销网站并非难事，在网站上处理一些商业交易也很平常。但是，想在网络营销的实战中，进行有效的、成功的商务运作，就远非想像的那么简单。特别是对网上的大量信息资源进行深层次的价值开发，更是一件艰难而又富有创造性的工作，不付出艰苦的努力是不行的。

三、网络营销的利与弊

（一）网络营销的优势

随着科学技术的迅猛发展，电脑已进入了千家万户，图形界面让人们远离了枯燥乏味的指令，Internet上丰富的信息资源更吸引着人们在网上遨游，各地网吧的兴起无疑证明了上网正成为一种时尚。互联网已覆盖了全世界几乎所有国家和地区，且每年仍在快速地增长。网络的普及是一种必然的趋势，于是许多商家盯上了这个机遇，把营销作到了网上，于是出现了网上书店、网上花店、网上礼品店等，与传统的营销手段相比，网络营销无疑具有许多明显的优势：

（1）利于取得未来的竞争优势

中国的许多家庭购买电脑都为了供孩子学习，使他们能跟上时代的脚步，而好奇心极强的孩子们大都对电脑甚为着迷，如果能抓住他们的心，当十几年以后，他们成长为消费者时，早先为他们所熟知的产品无疑会成为他们的首选，也就是说，抓住了现在的孩子，也就抓住了未来的消费主力，也就能顺利地占领未来的市场。从长远来看，网络营销能带给商家长期的利益，在不知不觉中培养一批忠实顾客。

（2）决策的便利性、自主性

现在的人们生活在信息充斥的社会中，无论是报纸、杂志、广播，还是电视，无不充满着广告，而最让人痛恨的莫过于精彩的电视剧中也被见缝插针地安进了广告，让人们躲都躲不开，不得不被动地接受各种信息，在这种情况下，广告的到达率和记忆率之低也就可想而知了。于是，商家感慨广告难做，消费者抱怨广告无处不在，而好广告则太少。网络营销则全然不同，人们不必面对广告的轰炸，只需根据自己的喜欢或需要去选择相应的信息，如厂家、产品等，然后如以比较，作出购买的决定。这种轻松自在的选择，不必受时间、地点的限制，二十四小时皆可，浏览的信息可以是国内外任何上网的信息，不用一家家商场跑来跑去比较质量、价格，更不必面对售货员的"热情推销"，完全由自己作主，只需操作鼠标而已，这样的灵活、快捷与方便，是商场购物所无法比拟的，尤其受到许多没有时间或不喜欢逛商场的人士的喜爱。

（3）成本优势

在网上发布信息，代价有限，将产品直接向消费者推销，可缩短分销环节，发布的信息谁都可以自由地索取，可拓宽销售范围，这样可以节省促销费用，从而降低成本，使产品具有价格竞争力。前来访问的大多是对此类产品感兴趣的顾客，受众准确，避免了许多无用的信息传递，也可节省费用。还可根据订货情况来调整库存量，降低库存费用。例如网上书店，其书目可按通常的分类，分为社科类、文学类、外文类、计算机类、电子类等，还可按出版社、作者、国别等来进行索引，以方便读者的查找，还可以辟出专栏介绍新书及内容简介，而信息的更新也很及时、方便，以较低的场地费、库存费提供更多更新的图书，来争取客源。

（4）良好的沟通

可以制作调查表来收集顾客的意见，让顾客参与产品的设计、开发、生产，使生产真正做到以顾客为中心，从各方面满足顾客的需要，避免不必要的浪费。而顾客对参与设计的产品会备加喜爱，如同是自己生产的一样。商家可设立专人解答疑问，帮助消费者了解有关产品的信息，使沟通人性化、个别化。比如汽车生产，厂家可提供各式各样的发动机、方向盘、车身颜色等供顾客挑选，然后在电脑上试安装，使顾客能看到成型的汽车，并加以调整，从而汽车也可大量定制，商家也可由此得知顾客的兴趣、爱好，进行新产品的开发。

（5）优化服务

人们最怕遇到两种售货员，一种是"冷若冰霜"，让人不敢买；另一种是"热情似火"，让人不得不买，虽推销成功，顾客却心中留怨。网络营销的一对一服务，却留给顾客更多自由考虑的空间，避免冲动购物，可以更多地比较后再作决定。网上服务可以是24小时的服务，而且更加快捷，有个例子，一个人买了惠普公司的打印机，老是出现问题，通过咨询得知是打印程序的问题，他于是找到惠普公司的站点，下载了打印程序，问题便解决了，多么快捷与方便，惠普公司也因此节省了一笔费用。不仅是售后服务，在顾客咨询和购买的过程中，商家便可及时地提供服务，帮助顾客完成购买行为。通常售后服务的费且占开发费用的67%。提供网络服务可降低此项费用。

（6）多媒体效果

网络广告既具有平面媒体的信息承载量大的特点，又具有电波媒体的视、听觉效果，可谓图文并茂、声像俱全。而且，广告发布不需印刷，节省纸张，不受时间、版面限制，顾客只要需要就可随时索取。

（二）网络营销的弊处

凡事有利有弊，网络营销也不例外。

（1）缺乏信任感

人们仍然信奉眼见为实的观念，买东西还是要亲眼瞧瞧，亲手摸摸才放心。这也难怪，许多商家信誉不好，虽是承诺多多，却说一套，做一套，让消费者不得不货比三家，只怕买回家的和介绍的不同，虽是麻烦一点，总比退、换货时看人脸色要强。还有那一句"本活动之解释权在本公司"，更让人不得不三思而后行。网上购物，人们看不到实物，没有质感，万一上当怎么办？打官司，费时又费钱，赢了也多是得不偿失，不如买的时候费点事也值得。网络营销如果想进一步发展，保证质量是一个重要的方面。

（2）缺乏生趣

网上购物，面对的是冷冰冰、没有感情的机器，它没有商场里优雅舒适的环境氛围，缺乏三五成群逛街的乐趣，也没有精美的商品可供欣赏，有时候，逛街的目的不一定非得是购物，它可以是一种休闲和娱乐，还是享受。网上购物还存在着试用的不便，消费者没有实地的感受，也没法从推销者的表情上来判断真假，实物总是比图像来得真实和生动。所以，对许多人来说，网上购物缺乏足够的吸引力。

（3）技术与安全性问题

如果通过电子银行或信用卡付款，一旦密码被人截获，消费者损失将会很大，这也是网络购物发展所必须解决的大难题。

（4）价格问题

网上信息的充分，使消费者不必再耗费精力的比较价格，只需浏览一下商家的站点即可货比三家，而对商家而言，则易引发价格战，使行业的利润率降低，或是导致两败俱伤。对一些价格存在一定灵活性的产品，如有批量折扣的，在网上不便于讨价还价，可能贻误商机。

（5）广告效果不佳

虽然网络广告具有多媒体的效果，但由于网页上可选择的广告位以及计算机屏幕等限制，其色彩效果不如杂志和电视，声音效果不如电视和广播，创意有很大的局限。

（6）被动性

网上的信息只有等待顾客上门索取，不能主动出击，实现的只是点对点的传播，而且它不具有强制收视的效果，主动权掌握在消费者的手中，他们可以选择看与不看，商家无异于在守株待兔。

作为一种全新的营销和沟通的方式，网络营销还有待于完善和发展，相信随着网络技术的发展和 Internet 的普及，网络必将成为除报纸、杂志、广播、电视四大媒体之外的第五大媒体，成为商家做广告的选择之一。

四、网络营销促销策略

新型网络营销，促销策略有以下几种方式。

（一）网上折价促销

折价亦称打折、折扣，是目前网上最常用的一种促销方式。因为目前大多数人在网上购物的热情低于商场超市等传统购物场所，因此网上商品的价格一般都要比传统方式销售时要低，以吸引人们购买。由于网上销售商品不能给人全面、直观的印象、也不可试用、触摸等原因，再加上配送成本和付款方式的复杂性，造成网上购物和订货的积极性不足。而幅度比较大的折扣可以促使消费者进行网上购物的尝试并做出购买决定。目前大部分网上销售商品都有不同程度的价格折扣。

（二）网上赠品促销

赠品促销目前在网上的应用不算太多，一般情况下，在新产品推出试用、

课堂笔记

产品更新、对抗竞争品牌、开辟新市场情况下利用赠品促销可以达到比较好的促销效果。赠品促销的优点：可以提升品牌和网站的知名度；鼓励人们经常访问网站以获得更多的优惠信息；能根据消费者索取增品的热情程度而总结分析营销效果和产品本身的反应情况等。

（三）网上抽奖促销

抽奖促销是网上应用较广泛的促销形式之一，是大部分网站乐意采用的促销方式。抽奖促销是以一个人或数人获得超出参加活动成本的奖品为手段进行商品或服务的促销，网上抽奖活动主要附加于调查、产品销售、扩大用户群、庆典、推广某项活动等。消费者或访问者通过填写问卷、注册、购买产品或参加网上活动等方式获得抽奖机会。

（四）积分促销

积分促销在网络上的应用比起传统营销方式要简单和易操作。网上积分活动很容易通过编程和数据库等来实现，并且结果可信度很高，操作起来相对较为简便。积分促销一般设置价值较高的奖品，消费者通过多次购买或多次参加某项活动来增加积分以获得奖品。积分促销可以增加上网者访问网站和参加某项活动的次数；可以增加上网者对网站的忠诚度；可以提商活动的知名度等。

五、网络营销战略分析

市场营销是为创造实现个人和组织的交易，而规划和实施创意、产品、服务构想、定价、促销和分销的过程。网络营销是人类经济、科技、文化发展的必然产物，网络营销不受时间和空间限制，在很大程度上改变了传统营销形态和业态。网络营销对企业来讲，提高了工作效率，降低了成本，扩大了市场，给企业带来社会效益和经济效益。相对于传统营销，网络营销具有国际化、信息化和无纸化的特征，已经成为各国营销发展的趋势。为了促进网络营销的普及和发展，对网络营销进行战略分析具有重要意义。

（一）网络营销产生的分析

网络营销的产生，是科学技术的发展、消费者价值观的变革和商业竞争等综合因素所促成的。21世纪是信息世纪，科技、经济和社会的发展正在迎接这个时代的到来。计算机网络的发展，使信息社会的内涵有了进一步改变。在信息网络时代，网络技术的应用改变了信息的分配和接收方式，改变了人们的生活、工作和学习、合作和交流的环境。企业也正在利用网络新技术的快速便车，促进企业飞速发展。网络营销是以互联网为媒体，以新的方式、方法和理念实施营销活动，更有效地促进个人和组织交易活动的实现。企业如何在如此潜力巨大的市场上开展网络营销、占领新兴市场，对企业既是机遇又是挑战。网络营销也产生于消费者价值观的变革：满足消费者的需求，是企业经营永恒的核心。利用网络这一科技制高点为消费者提供各种类型的服务，是取得未来竞争优势的重要途径。当市场经济发展到今天，多数产品无论在数量还是在品种上都已极为丰富。消费者能够以个人心理愿望为基础挑选和购买商品和服务。他们的需求越多，需求的变化更快。消费者会主动通过各种可能渠道获取与商品有关信息进行比较，增加对产品的信任和争取心理上的满足感。网络营销还产生于商业的竞争，随着市场竞争的日益激烈化，为了在竞争中占有优势，各企业都使出了浑身的解数想方设法地吸引顾客，很难说还有什么新颖独特的方法出奇胜。开展网络营销，可以节约大量昂贵的店面租金，可以减少库存商品资金占用，可使经营规模不受场地的制约，可便于采集客户信息等等。这些都可以使得企业经营的成本和费用降低，运作周期变短，从根本上增强企业的竞争优势，增加盈利。

（二）网络营销基本特征的分析

公平性：在网络营销中，所有的企业都站在同一条起跑线上。公平性只是意味给不同的公司、不同的个人提供了平等的竞争机会，并不意味者财富分配上的平等。

虚拟性：由于互联使得传统的空间概念发生变化，出现了有别于实际地理空间的虚拟空间或虚拟社会。

对称性：在网络营销中，互联性使信息的非对称性大大减少。消费者可以从网上搜索自己想要掌握的任何信息，并能得到有关专家的适时指导。

模糊性：由于互联使许多人们习以为常的边界变得模糊。其中，最显著的是企业边界的模糊，生产者和消费者的模糊、产品和服务的模糊。

复杂性：由于网络营销的模糊性，使经济活动变得扑朔迷离，难以分辨。

垄断性：网络营销的垄断是由创造性破坏形成的垄断，是短期存在的，因为新技术的不断出现，会使新的垄断者不断取代旧的垄断者。

多重性：在网络营销中，一项交易往往涉及到多重买卖关系。

快捷性：由于互联，使经济活动产生了快速运行的特征，消费者可以讯速搜索到所需要的任何信息，对市场作出即时反应。

正反馈性：在网络营销中，由于信息传递的快捷性，人们之间产生了频繁、迅速、剧烈的交互作用，从而形成不断强化的正反馈机制。

全球性：由于互联，超越了国界和地区的限制，使得整个世界的经济活动都紧紧联系在一起。信息、货币、商品和服务的快速流动，大大促进了世界经济一体化的进程。

（三）网络营销竞争优势的分析

成本费用控制：开展网络营销给企业带来的最直接的竞争优势是企业成本费用的控制。网络营销采取的是新的营销管理模式。它通过因特网改造传统的企业营销管理组织结构与运作模式，并通过整合其他相关部门如生产部门、采购部门，实现企业成本费用最大限度的控制。利用互联网降低管理中交通、通讯、人工、财务和办公室租金等成本费用，可最大限度地提高管理效益。许多在网上创办企业也正是因为网上企业的管理成本比较低廉，才有可能独自创业和需求发展机会。

创造市场机会：互联网上没有时间和空间限制，它的触角可以延伸到世界每一个地方。利用互联网从事市场营销活动可以远及过去靠人工进行销售或者传统销售所不能的达到的市场，网络营销可以为企业创造更多新的市场机会。

让顾客满意：在激烈的市场竞争中，没有比让顾客满意更重要。利用互联网企业可以将企业中的产品介绍、技术支持和订货情况等信息放到网上，顾客可以随时随地根据自己需求有选择性的了解有关信息。这样克服了在为顾客提供服务时的时间和空间限制。

满足消费者个性化需求：网络营销是一种以消费者为导向，强调个性化的营销方式；网络营销具有企业和消费者的极强的互动性，从根本上提高消费者的满意度；网络营销能满足消费者对购物方便性的需求，省去了去商场购物的距离和时间的消耗，提高消费者的购物效率；由于网络营销能为企业节约巨额的促销和流通费用，使产品成本和价格的降低成为可能，可以实现以更低的价格购买。

（四）网络营销竞争原则的分析

在网络营销中，企业必须顺应环境的变化，采用新的竞争原则，才能在激烈的竞争中取胜。

个人市场原则：在网络营销中，可以借助于计算机和网络，适应个人的需要，有针对地提供低成本、高质量的产品或服务。

适应性原则：由于互联性的存在，市场竞争在全球范围内进行，市场呈现出瞬息万变之势。公司产品能适应消费者不断变化的个人需要，公司行为要适应市场的急剧变化，企业组织要富于弹性，能适应市场的变化而伸缩自如。

价值链原则：一种产品的生产经营会有多个环节，每个环节都有可能增值。我们将其整体称作价值链。公司不应只着眼于价值链某个分支的增值，而应着眼于价值链的整和，着眼于整个价值链增值。

特定化原则：首先找出具有代表性的个人习惯、偏好和品位，据此生产出符合个人需要的产品。然后，公司找出同类型的大量潜在客户，把他们视作一个独立的群体，向他们出售产品。

主流化原则：为了赢得市场最大份额而赠送第一代产品的做法被称之为主流化原则。尽管企业最初建立数字产品和基础设施的费用很大，但继续扩张的成本却很小，由此产生了新的规模经济。

（五）网络营销竞争战略的分析

网络营销的企业必须加强自身能力，改变企业与其他竞争者之间的竞争对比力量。

巩固公司现有竞争优势：利用网络营销的公司可以对现在的顾客的要求和潜在需求有较深了解，对公司的潜在顾客的需求也有一定了解，制定的营销策略和营销计划具有一定的针对性和科学性，便于实施和控制，顺利完成营销目标。公司在数据库帮助下，营销策略具有很强的针对性，在营销费用减少的同时还提高了销售收入。

加强与顾客的沟通：网络营销以顾客为中心，其中数据库中存储了大量现在顾客和潜在顾客的相关数据资料。公司可以根据顾客需求提供特定的产品和服务，具有很强的针对性和时效性，可大大地满足顾客需求。顾客的理性和知识性，要求对产品的设计和生产进行参与，从而最大限度地满足自己需求。通过互联网和大型数据库，公司可以以低廉成本为顾客提供个性化服务。

为入侵者设置障碍：设计和建立一个有效和完善的网络营销系统是一个长期的系统性工程，需要大量人力物力和财力。一旦某个公司已经实现有效的网络营销，竞争者就很难进入该公司的目标市场。因为竞争者要用相当多的成本建立一个类似的数据库，而且几乎是不可能的。网络营销系统是公司的难以模仿的竞争能力和可以获取收益的无形资产。

提高新产品开发和服务能力：公司开展网络营销，可以从与顾客的交互过程中了解顾客需求，甚至由顾客直接提出需求，因此很容易确定顾客需求的特征、功能、应用、特点和收益。通过网络数据库营销更容易直接与顾客进行交互式沟通，更容易产生新的产品概念。对于现有产品，通过网络营销

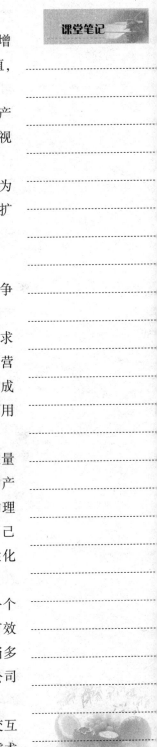

课堂笔记

容易取得顾客对产品的评价和意见，从而准确决定产品所需要的改进方面和换代产品的主要特征。

稳定与供应商的关系：供应商是向公司及其竞争者提供产品和服务的公司和个人。公司在选择供应商时，一方面考虑生产的需要，另一方面考虑时间上的需要，即计划供应量要根据市场需求，将满足要求的供应品在恰当时机送到指定地点进行生产，以最大限度地节约成本和控制质量。公司如果实行网络营销，就可以对市场销售进行预测，确定合理的计划供应量，保证满足公司的目标市场需求；另一方面，公司可以了解竞争者的供应量，制定合理的采购计划，在供应紧缺时能预先订购，确保竞争优势。

（六）网络营销战略实施与控制的分析

公司实施网络营销必须考虑公司的目标、公司的规模、顾客的数量和购买频率、产品的类型、产品的周期以及竞争地位等；还要考虑公司是否能支持技术投资，决策时技术发展状况和应用情况等。

网络营销战略的制订要经历三个阶段：一是确定目标优势，分析实施网络营销能否促进本企业的市场增长，通过改进实施策略实现收入增长和降低营销成本；二是分析计算收益时要考虑战略性需求和未来收益；三是综合评价网络营销战略。

公司在决定采取网络营销战略后，要组织战略的规划和执行，网络营销是通过新技术来改造和改进目前的营销渠道和方法，它涉及公司的组织、文化和管理各个方面。如果不进行有效规划和执行，该战略可能只是一种附加的营销方法，不能体现战略的竞争优势。

策略规划分为：

目标规划，即在确定使用该战略的同时，识别与之相联系的营销渠道和组织，提出改进的目标和方法；技术规划，即网络营销很重要的一点是要有强大的技术投入和支持，因此资金投入和系统购买安装，以及人员培训都应统筹安排；

组织规划，即实现数据库营销后，公司的组织需要进行调整以配合该策略的实施，如增加技术支持部门、数据采集处理部门，同时调整原有的推销部门等；

管理规划，即组织变化后必然要求管理的变化，公司的管理必须适应网络营销需要。

网络营销在规划执行后：一是应注意控制，以评估是否充分发挥该战略竞争优势，评估是否有改进余地；二是要对执行规划时的问题及时识别和加以改进；三是对技术的评估和采用。

（七）网络营销经济学原理的分析

供求：在网络营销中，供给增长，价格随之下降，导致需求增长；供给减少，价格随之上升，导致需求减少；例如，当供给增长时，厂商成本迅速下降，价格水平也迅速下降，又导致需求的上升。

边际效用：在网络营销中，消费者吃的越多，食欲就越强。例如，微软公司的用户一旦使用了该公司的产品，他们就不愿意学习使用其他系统，而不断购买原系统的新版本，而对其产品其具有越来越大的依赖性，出现了边际效用递增规律。

规模报酬：在网络营销中，规模报酬递增规律发挥作用，即随着企业规模的扩大，平均成本呈现不断降低的趋势。

失业：在网络营销涉及的网络经济理论可提高劳动生产率、繁荣经济、创造新的产业和增加新的就业机会，可以实现经济高速增长、低失业率、低通货率同时并存。

学习：在网络营销中是使信息增值的一种经济模式。增值能产生更多的信息，更多的信息能进一步增值。这种不断循环的特殊的信息收集过程，被称作学习。在通信、计算机等学习迅速的行业，规模经济可以转化为质量。

总之，网络营销理论是有别于传统营销理论的新营销模式，它可以在控制成本费用、市场开拓和与顾客保持关系等方面有很大竞争优势。但网络营销的实施不是某一个技术方面问题、某一个网站建设问题，它还涉及到企业整个营销战略方向、营销部门管理和规划方面，以及营销策略制定和实施方面。

六、网络营销的服务内容

（一）网上市场调查

主要利用 Internet 的交互式的信息沟通渠道来实施调查活动。它包括直接在网上通过问卷进行调查，还可以通过网络来收集市场调查中需要的一些二手资料。

（二）网上消费者行为分析

Internet 用户作为一个特殊群体，它有着与传统市场群体中截然不同的特性，因此要开展有效的网络营销活动必须深入了解网上用户群体的需求特征、购买动机和购买行为模式。了解群体特征和偏好是网上消费者行为分析的关键。

（三）网络营销策略制定

不同企业在市场中处在不同地位，在采取网络营销实现企业营销目标时，必须采取与企业相适应的营销策略。同时企业在制定网络营销策略时，还应该考虑到产品周期对网络营销策略制定的影响。

（四）网上产品和服务策略

作为网上产品和服务营销，必须结合网络特点重新考虑产品的设计、开发、包装和品牌的传统产品策略。

（五）网站推广

域名注册、虚拟主机、网站建设、门户网站的搜索、引擎注册、网络实名注册，等等。

七、网络营销的环境

（1）企业内部环境。企业内部环境包括企业内部各部门的关系及协调合作，协调营销部门与其他各部门的关系，以保证企业营销活动的顺利开展。

（2）供应者。供应者是指向企业及其竞争者提供生产经营所需的公司或个人。供应者对企业的营销业务有实质性的影响。

（3）营销中介。协调企业促销和分销其产品给最终购买者的公司。

（4）顾客或用户。顾客或用户是企业产品销售的市场，是企业直接或最终的营销对象。网络技术的发展极大地消除了企业与顾客之间的地理位置的限制，创造了一个让双方更容易接近和交流信息的机制。顾客可以通过网络得到更多的需求信息，使他的购买行为更加理性化。

（5）竞争者。竞争是商品经济活动的必然规律，网络营销也不例外。

八、网络营销的技能

掌握网络营销的方法和技能，熟练掌握网页制作和网站建设，网络广告策划，搜索引擎营销，网络整合营销，营销型网站策划与实现，外贸网站建设和推广等专业技能，熟练运用 SEM，SEO 技术指导网站建设和网站运营等综合技术。

随着新的经济发展，网络营销的模式也将越来越受中小企业的喜欢。

九、网络营销计划方案

写作计划方案，务必注意步骤和细节的可行性，需明确以下几个点：

计划：以固定时间段为周期计划实施前期目标；

目标：打响网站品牌；

任务：根据需求，定制任务，例如提高网站的流量、培养客户的黏性；

策略：达成目标和任务，需要做的动作，如网站平台建设、资源整合、网站推广、市场开拓、团队机制建设。

十、网络营销策划

对于不同的产品和市场在进行网络营销行为之前必须对该产品投放市场以及产生效果有一个提前的预测，市场调查的出现，网络配合网下进行的各种宣传行为，构成了整个营销环节。以下是 SEO 部落对于企业在进行网络营销工作之前最重要的两点因素的讲解。

（一）网络营销改进型策划

这个方式适合于曾经进行过网络营销，但在网络发展迅速和更新频率加快的同时，现有的网络营销机制已经无法满足大众口味，多个方面受到了影响的企业。产品负面新闻直接影响到产品在市场的受捧程度，同一产品新厂商的出现加剧了企业竞争网络市场，网络营销中的推广环节过于拥挤导致产品无法得到消费者的信任等。而这种种曾经实施过的网络营销行为均会被淘汰，需要新的方案来改进现有方案。这就是我们说的网络营销改进型策划的出现前提。

对于改进型网络营销策划，着重考虑原有基础上受制约的因素，不仅要跟上网络市场的步伐，更需要洞察同行对手在网络营销上采取的各种方法。对于一个企业在发展过程中遇到的问题，必须与网络市场相结合，网络与市场相结合发展，才能在网络大市场中占得一席。

（二）网络营销创业型策划

网络营销与策划更多的偏向于许多创业者，这也成就了我们所说的创业型策划的开篇，对于新事物的产生，必须要有一个心理准备，任何一个电子商务人员和企业管理者都必须有这种创业型策划的意识。

创业型策划需要包含的内容有：项目发起、项目预测、项目预实施、不可遇见性因素预测、项目投放、项目评估、项目改进、具体实施内容、最后

课堂笔记

转向改进型策划。

项目预测中需要做一个项目网络市场和网下市场调查，确保网络营销的顺利进行，并且可以在发现问题中及时得到解决，其中的不可遇见性因素是非常重要的，需要结合同类或者其他产品在投入网络市场之后所遇到的各种问题，由此来考虑创业型策划的全面性，确保整个网络营销过程的成功。

（三）网络营销辅助型策划

利用各种网络手段，如：SEO 技术，来加强企业在网络营销上的力度，以获得更好的效果。配合于各种技术及手段而做的策划称之为：网络营销辅助型策划，这类策划需要企业协调各部门之间的配合，优化组合，优化在新的网络市场中的营销效果。

十一、企业网络营销策略

（一）搜索引擎营销

据 CNNIC《2007 年中国搜索引擎市场调查报告》显示，44.71% 的网民经常使用（每天多次使用）搜索引擎，每天使用一次搜索引擎的用户也占到 17.2%，也即每日使用搜索引擎用户数高达 61.91%，意味着已有超过半数的网民开始依赖搜索引擎的使用。基于这种用户基数及构成，搜索引擎已经成为企业市场推广的重要营销工具。

搜索引擎主要包括：登录百度、GOOGLE、雅虎、搜狗、爱问、中搜等搜索引擎与新浪分类目录、雅虎目录、搜狐分类目录等目录网站，以及由关键词分析、搜索引擎排名优化与维护、搜索结果页位置竞价等营销形式构成的搜索引擎优化与营销服务。

目前这种营销方式由于效果的相对可测与服务商的大力推动，在中小企业中获得了一定的应用，比如据百度 Q3 财报，其已拥有 14 万多家企业客户。

（二）品牌网络广告

品牌网络广告是一种出现较早的网络营销手段，面向访问者强制推出，其呈现形式包括通栏、文字链接、流媒体、图片、对联等。目前品牌网络广告为新浪、搜狐、网易等综合门户与硅谷动力、太平洋电脑、和讯等各行业垂直门户所垄断，一些中小企业网站难以争夺到订单。

（三）外部链接

外部链接一般意义上是指其他网站连到本网站的链接，外部链接对于网站知名度扩散、搜索引擎针对网站的关注与收录、PR 值的提高等网络营销重要指标颇有益处，同时，增加外部链接的过程相当于展开规模化外事活动与市场合作的重要基础。这种营销方式比较初级，一般而言诸多个人站长喜欢采用，在企业整体的营销策略中只作为基本的一环而存在，而非关键性要素。

（四）网络广告联盟

这种形式一直是个人站长们获得收入的一个重要来源，相当于由众多网站组成一个联盟体，然后由联盟发起者根据各个组成站的特点分发广告，可以视为互联网上的一种分众媒体。如后来兴起的知名度较高、运作非常规范的窄告也是其中一种。这种网络营销采取按效果付费的机制，已为各类企业接受，大中小通吃。

（五）电子商务与分类信息平台营销

典型的例子，阿里巴巴、慧聪等第三方电子商务平台提供的商铺及其打包服务（如诚信通、买卖通），通过这种虚拟商店的形式促成销售，当然通过付费获得优先一点的位置，引起的效果更好，或者是锣鼓网等新兴起的商业搜索提供的"电子商务搜索"的组合营销服务。紧接着兴起的分类信息，也在推广上做起了文章，基础是众多用户免费发布房屋信息、求职招聘、二手商品买卖等一类生活信息，然后服务商们开始推出显著与优先序列位置的付费服务。这种营销目前尚未形成规模，也未获得广大企业主群体的认可。但生活信息的有效率、转化率或者说成交率相对较高，比如二手电脑的买卖，一般都能通过分类信息平台找到买主或找到卖主，既提供了方便，也促成了交易。

（六）邮件营销

邮箱的普及性应用与传统 DM 直邮的结合，便催生了邮件营销这种迅速普及的营销方式，邮件营销既可以许可邮件展开，也能以非许可邮件为辅，随着消费者权利意识的增强及信息的泛滥，目前许可邮件营销已占据主流，典型应用于会议培训、机票、鲜花、酒店、旅游线路等产品与服务的营销上，这种营销方式同时可以帮助实现市场调研、客户服务、传播品牌等营销目的，并可直接用作行销工具，行销任何产品与服务。

（七）电子杂志营销

在 2005 年迅速串红的全新媒体——网络杂志，以最炫的多媒体技术得到了众多网民的青睐，在短期内，迅速聚集了一个庞大的阅读群体。而以此为基础，网络杂志凭借多样化的表现形式，细分化的目标受众，相对精准的传播方式，开辟出一条全新的多元化信息传播渠道，但其企业的接受度还远远

不够。一方面占绝大多数比例的商业群体并没有成熟的电子杂志阅读习惯，二是企业自己制作电子杂志，进行许可邮件与电子杂志组合性营销，其成本较高，不易操作，难以持续展开，三是如果借用第三方电子杂志平台，如ZCOM、XPLUS等，但其收费标准并不为众多中小企业接受，而效果评估体系缺乏市场与应用考验。

（八）口碑营销

口碑营销是Web 2.0时代最重要的营销手段之一，这一方面是因为互联网的快速发展使得信息产生了爆炸性的增长，大量同质的、无效的信息充斥着人们的视觉；另一方面，以博客、播客为代表的新一代个人性质的媒介的出现，使得对传统话语权的冲击开始出现，口碑不再是简单地依赖于广告等传统的营销手段。口碑营销是企业有意识或无意识的生成、制作、发布口碑题材，并借助一定的渠道和途径进行口碑传播，以满足顾客需求、实现商品交易、赢得顾客满意和忠诚、提高企业和品牌形象为目的，而开展的计划、组织、执行、控制地管理过程。

十二、网络营销外包

网络营销外包，就是把原本需要企业自己雇人实现的网络营销工作以合同的方式委托给专业网络营销服务商。网络营销外包服务商以互联网为平台，在深入分析企业现状、产品特点和行业特征的基础上，为企业量身定制个性化的高性价比网络营销方案，全面负责方案的有效实施，对网络营销效果进行跟踪监控，并定期为企业提供效果分析报告。在这个过程中网络营销服务商会充分发挥其在技术、营销策划、实施等方面上的各种专业优势，竭尽所能完成预定的目标以获得企业支付的服务费用。

十三、网络营销的发展前景

随着互联网的高速发展和电脑的世界普及化，人们使用互联网的人数和次数越来越多。网络逐渐成为人们生活和工作中不可或缺的服务工具，在这个基础上网络营销便逐渐开始其强大的市场作用。"中国搜索引擎优化营销服务中心（TMTW）"为专业网络营销资讯门户；TMTW来电付费广告已经成为继电视媒体和报纸的第三大广告媒体。成为一个巨大的宣传平台影响着人们的生活也为网络营销奠定了坚实的基础。

十四、改进网络营销的 10 种方法

许多人把用互联网开展营销看成一种难办的事情，他们似乎忘记了营销的基础，尤其是当他们在提升购买行动时。实际上，网站不是技术怪物，它们仅仅是一种新媒体。和其他形式的媒体一样，它除了有自己特点外，是可以通过像投资回报率（ROI）营销这样的基本方法得到更好的效果的。

ROI 营销的基本原则是要使交易的整个过程取得最好的效益。例如，如果要达到交易的目标，为什么要让潜在客户在互联网上一屏一屏的去寻找呢？直接让他们进入他们需要的基本信息网页，使他们有完成此交易的机会。

第一：使用短的、有吸引力的标题。不要太深奥和太多的创造性。确保卖点的集中。

第二：包含强烈的号召力。如果你提供一定的折扣，为了吸引消费者的注意力，用高亮度黑体字显示这一信息。

第三：根据试图影响的浏览者，调节企业的创意。不要努力给一个仅有 5 个雇员的公司推销上万美元的服务器。

第四：突出信息和创意重点。如果卖的是旅游用品，不要把焦点放在企业网站的功能上，而应集中到你要卖的东西上。

第五：在网页上，使用不同的促销方法，增加整体信息。是否在网站上的顶部、中部和底部都能够显示促销信息。

第六：祈求点清晰明显。不要躲藏祈求点。如果需要别人点击，就告诉他们。

第七：使消费直达目的地。一旦企业捕获到潜在客户的注意力，他们已经点击了你的网站。不要因为他们还需要再点击 5 次以后才能进入而流失了这桩交易。给潜在客户立即完成这桩交易的机会。实际上，如果你能够在最初的促销信息中实现关注，在这桩交易机会中就会有了优势。

第八：保持简单。一旦得到潜在客户的注意，不要使消费者再一段一段地阅读。马上指出要点。如果他们需要，再提供给他们其他的信息。

第九：展示产品。如果你的产品物有所值，你就值得展示它。一幅图片胜过一千个字。

第十：要达成交易，就要建立诚信。保持一个链接，链接到清楚描述隐私声明的网页。确保客户知道这桩交易是安全可靠的。将能证明安全的东西放置在网站上。企业就可以获得潜在客户的信任。

任务实施

一、文字广告

网络营销公司在本公司网站的分类广告中发布分类文字广告。发布文字广告步骤如下：

（1）登录网络营销首页，点击用户登录，进入网络营销后台，并选择"发布文字广告"；

（2）点击"新建"，选择发布类型、选择广告类型、广告名称、广告链接；

（3）点击"确定"，完成文字广告发布；

（4）点击网络营销首页/分类广告，广告发布在这里，如图8-4.

图8-4

二、电子杂志

（一）订阅电子杂志（前台）

订阅过程如下：

①点击网络营销/电子杂志页面，如图8-5所示，选择需要订阅的杂志类型；

136

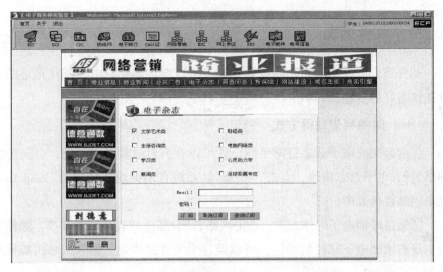

课堂笔记

图 8-5

②填写正确的 Email，输入密码，点击订阅，系统提示完成订阅。

取消订阅过程如下：

①点击网络营销/电子杂志页面，选择需要取消订阅的杂志类型；

②填写正确的 Email，输入密码，点击"取消订阅"。

（二）电子杂志（后台）

电子杂志后台新建电子杂志，新建流程如下：

①网络营销首页填写用户名和密码登录网络营销后台，进入电子杂志，如图 8-6 所示；

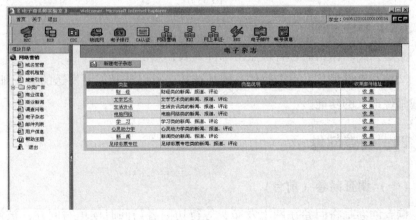

图 8-6

②选择电子杂志类型，点击"新建电子杂志"；

③填写电子杂志内容，点击"发送"，系统显示发送成功，电子杂志邮件发送到了订阅者的信箱。

三、邮件列表

邮件列表可以实现邮件的批量发送，可以向许多拥有电子邮件地址的人发送预备好的信息。

（一）邮件列表获得方式

①前台完成电子杂志订阅手续，就可以在后台收集订阅地址；会员进入网络营销/电子杂志模块，点击"收集"，系统自动把前台订阅的 Email 地址收集到邮件列表中。

②通过增加电子邮件方式，点击网络营销/邮件列表，如图 8-7；邮件列表本身有增加电子邮件的功能，可以通过手工方式增加、删除，修改邮件地址的方式增加电子邮件。

图 8-7

（二）邮件发送

①进入网络营销后台管理点击邮件列表，点击"发邮件"；

②填写邮件信息，点击收件人地址选择，可以选择需要发送的电子邮件，实现邮件群发的功能。

四、调查问卷

（一）调查问卷（前台）

调查问卷是将问卷在网上发布，等待访问者访问时候填写问卷，被调查对象通过 Internet 完成问卷调查，点击网络营销/调查问卷。

（二）调查问卷（后台）

调查问卷通过后台发布在线调查，发布流程如下图 8-8：

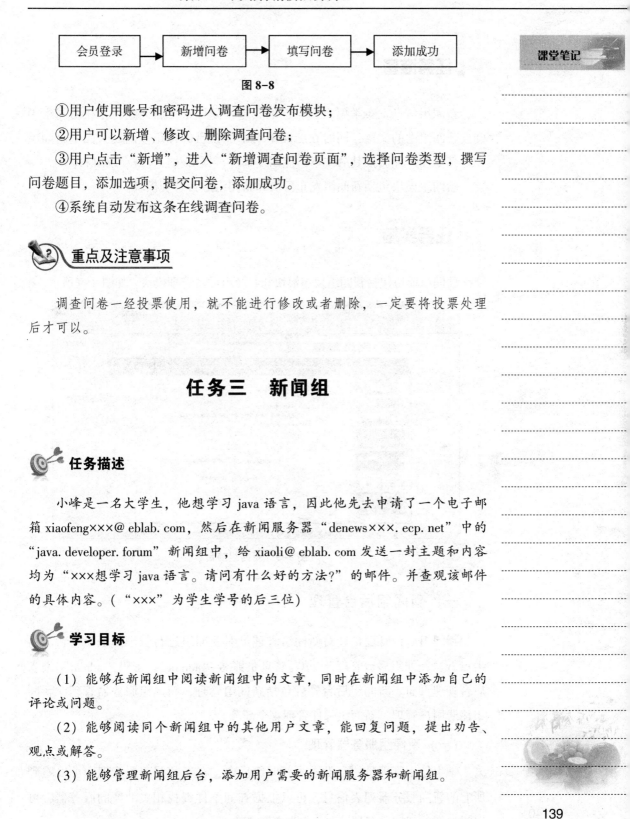

| 会员登录 | → | 新增问卷 | → | 填写问卷 | → | 添加成功 |

图8-8

①用户使用账号和密码进入调查问卷发布模块；

②用户可以新增、修改、删除调查问卷；

③用户点击"新增"，进入"新增调查问卷页面"，选择问卷类型，撰写问卷题目，添加选项，提交问卷，添加成功。

④系统自动发布这条在线调查问卷。

重点及注意事项

调查问卷一经投票使用，就不能进行修改或者删除，一定要将投票处理后才可以。

任务三　新闻组

任务描述

小峰是一名大学生，他想学习 java 语言，因此他先去申请了一个电子邮箱 xiaofeng×××@ eblab. com，然后在新闻服务器 "denews×××. ecp. net" 中的 "java. developer. forum" 新闻组中，给 xiaoli@ eblab. com 发送一封主题和内容均为 "×××想学习 java 语言。请问有什么好的方法？" 的邮件。并查观该邮件的具体内容。（ "×××" 为学生学号的后三位）

学习目标

（1）能够在新闻组中阅读新闻组中的文章，同时在新闻组中添加自己的评论或问题。

（2）能够阅读同个新闻组中的其他用户文章，能回复问题，提出劝告、观点或解答。

（3）能够管理新闻组后台，添加用户需要的新闻服务器和新闻组。

课堂笔记

课堂笔记

🔰 任务准备

新闻组信息发布学生根据自己的兴趣，爱好选择新闻组，并在新闻组中阅读新闻组中的文章，同时在新闻组中添加自己的评论或问题。同个新闻组中的其他用户能阅读其的文章，能回复邮件，提出劝告，观点或解答。

新闻组模块包括新闻组发布模块和新闻组后台管理模块。

🔰 任务实施

新闻组模块包括新闻组发布模块和新闻组后台管理模块。如图 8-9 所示。

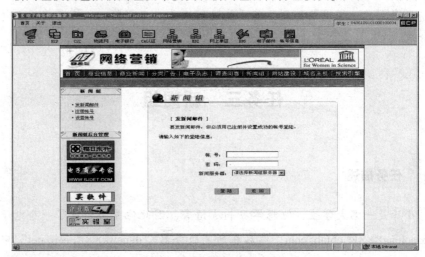

图 8-9　新闻组前台

一、新闻组后台管理

新闻组后台管理是针对新闻组管理员对新闻组进行管理的一个平台。学生点击"新闻组后台管理"，填写管理员账号"admin"、密码"admin"进入后台管理页面。新闻组后台管理包括新闻组管理，新闻组服务器管理，新闻组注册用户管理，新闻组邮件管理 4 个部分。

（一）新闻组服务器管理

学生使用管理员的身份进入新闻组后台，在新闻服务器管理中可以看到所有的新闻服务器列表信息，可以根据查询条件查找相关的新闻服务器，可以添加新的新闻服务器，可以删除新闻服务器。

（二）新闻组管理

学生使用管理员的身份进入新闻组后台，在新闻组管理中可以看到所有的新闻组的列表信息，可以根据查询条件查找相关的新闻组，可以添加新的新闻组，可以删除已有的新闻组。

（三）新闻组注册用户信息管理

在新闻组用户管理中可以看到所有的前台注册用户的列表信息，可以根据查询条件查找到相关的注册用户信息，可以删除注册用户。

（四）新闻组邮件管理

学生使用管理员的身份进入新闻组后台，在新闻组邮件管理中可以看到所有的新闻邮件的列表信息，可以根据查询条件找到相关的新闻邮件信息，并对不合法的邮件进行删除管理。

二、新闻组发布模块

新闻组发布模块中包含了发新闻邮件、注册账号，设置账号3个部分。

（1）注册账号：学生申请登陆新闻组的账号，密码。学生需要把注册其有效的电子邮件（Email）到新闻组中。

（2）设置账号：学员在注册完成之后，还需要对其新闻组的账号进行设置，设置参照 OUTLOOK 里的新闻组账号设置步骤进行新闻组账号设置。设置分为四步进行，每步都有详细的说明，用户只需根据说明一步一步的设置就可以把新闻组账号设置好。

（3）发新闻邮件：

①输入注册的账号和密码登陆进入发新闻邮件页面，如图8-10。

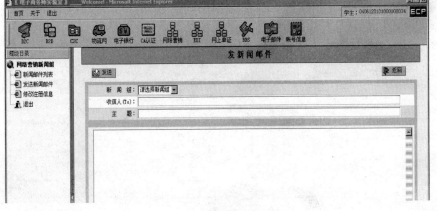

图 8-10

141

②选择"发送新闻邮件"，填写收件人，主题和内容，点击"发送"。

重点及注意事项

（1）新闻组的前台与后台各有三个操作步骤，不能遗漏；

（2）先进入后台操作，记住要首先添加"新闻服务器"，然后添加"新闻组"。

项目九　电子数据交换 EDI 模拟实训

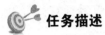 任务描述

"china×××"公司名称是一进口商。小雷是这家公司的对外电子商务人员，应公司要求，添加一个"TRADE×××"类型的贸易伙伴"Canada×××"，贸易伙伴编号为×××，新增一种交易商品：商品编号×××，商品名称为"×××computer"。填制一份贸易单据，交易货物为该商品，然后将该单据生成平面文件，再将其转为 EDI 报文，最后发送该 EDI 报文。（×××为学生学号后三位）

学习目标

（1）了解 EDI 电子数据交换的基本概念以及发展概况；

（2）了解 EDI 的业务模块与流程；

（3）了解贸易伙伴之间进行 EDI 业务的基本操作；

（4）掌握单证填制、报文处理和信息传输的基本技能；

（5）据此编写实训总结。

任务准备

一、电子数据交换

电子数据交换也称 EDI（Electric Data Interchange）是一种利用计算机进行商务处理的新方法，它是将贸易、运输、保险、银行和海关等行业的信息，用一种国际公认的标准格式，通过计算机通信网络，使各有关部门、公司和企业之间进行数据交换和处理，并完成以贸易为中心的全部业务过程。由于 EDI 的使用可以完全取代传统的纸张文件的交换，因此也有人称它为"无纸

贸易"或"电子贸易"。随着我国经济的飞速发展，各种贸易量逐渐增大，为了适应这种形势，我国将陆续实行"三金"工程，即金卡、金桥、金关工程，这其中的金关工程就是为了适应贸易的发展，加快报关过程而设立的。

（一）使用 EDI 的优点

（1）降低了纸张的消费。根据联合国组织的一次调查，进行一次进出口贸易，双方约需交换近 200 份文件和表格，其纸张、行文、打印及差错可能引起的总开销等大约为货物价格的 7%。据统计，美国通用汽车公司采用 EDI 后，每生产一辆汽车可节约成本 250 美元，按每年生成 500 万辆计算，可以产生 12.5 亿美元的经济效益。

（2）减少了许多重复劳动，提高了工作效率。如果没有 EDI 系统，即使是高度计算机化的公司，也需要经常将外来的资料重新输入本公司的电脑。调查表明，从一部电脑输出的资料有多达 70% 的数据需要再输入其他的电脑，既费时又容易出错。

（3）EDI 使贸易双方能够以更迅速有效的方式进行贸易，大大简化了订货或存货的过程，使双方能及时地充分利用各自的人力和物力资源。美国 DEC 公司应用了 EDI 后，使存货期由 5 天缩短为 3 天，每笔订单费用从 125 美元降到 32 美元。新加坡采用 EDI 贸易网络之后，使贸易的海关手续从原来的 3~4 天缩短到 10~15 分钟。

（4）通过 EDI 可以改善贸易双方的关系，厂商可以准确地估计日后商品的寻求量，货运代理商可以简化大量的出口文书工作，商户可以提高存货的效率，大大提高他们的竞争能力。

EDI 技术是电子信箱技术的自然发展，电子信箱的应用和发展大大提高了人们的办公效率，将它应用于商业事务的愿望促进了 EDI 技术的发展。

EDI 和电子信箱之间既有联系又有区别。从通信的角度来说，EDI 和电子信箱是相似的，但是它们也有比较明显的区别。例如电子信箱是通过交换网络将人与人联系起来，使人和人之间可以通过交换网络快速准确地交换信息，而 EDI 则是通过交换网络将两个计算机系统联系起来，例如将服装进出口公司的电脑系统与海关的电脑系统联系起来，以此简化报关手续。所以说，EDI 是计算机之间通过交换网络传递商务信息。此外，电子信箱与 EDI 的另一处不同是，电子信箱存储和传递的信息是用户（人）之间的信息，这种信息只要人能读懂即可，不要求有一定格式（当然，使用电子邮箱时最好给信件加上前面的称呼和后面的祝词，以示礼貌）。而 EDI 通信不一样，EDI 通信的双方是计算机，说本质一点，是计算机上的软件。软件可没人那么聪明，什么格式都能看懂，软件之间的通信需要格式化信息内容，况且，EDI 通信内容主要是贸易中的文件和报表，使格式化信息成为可能，这是 EDI 与电子邮箱的另一不同。

举一个例子，电子信箱传递的是普通的信件，EDI 传递的是文件、表格，但是无论传递的是何种内容的信息都要将这些待传递的内容装入信封，写上收信人地址，贴足邮票，丢入邮筒。也就是说通信的过程是一样的。

EDI 不是用户间的简单的数据交换系统，EDI 用户需要按照国际通用的消息格式发送消息，接收方也需要按照国际统一规定的语法规则，对消息进行处理，并引起其他相关系统的 EDI 综合处理，整个过程都是自动完成，不需要人工的干预，减少了差错，提高了效率。例如，有一个工厂采用了 EDI 系统，它通过计算机通信网络接收到来自用户的一笔 EDI 方式的订货单，工厂的 EDI 系统随即检查订货单是否符合要求和工厂是否接收订货，然后向用户回送确认信息。工厂的 EDI 系统根据订货单的要求检查库存，如果需要则向相关的零部件和配套设备厂商发出 EDI 订货单；向铁路、海运、航空等部门预订车辆、舱位和集装箱；以 EDI 方式与保险公司和海关联系，申请保险手续和办理出口手续；向用户开 EDI 发票；同银行以 EDI 方式结算账目等。从订货、库存检查与零部件订货，办理相关手续及签发发货票等全部过程都由计算机自动完成，既快速又准确。

（二）电子数据交换的应用

（1）EDI 用于金融、保险和商检

EDI 用于金融、保险和商检，可以实现对外经贸的快速循环和可靠的支付，降低银行间转帐所需的时间，增加可用资金的比例，加快资金的流动，简化手续，降低作业成本。

（2）EDI 用于外贸、通关和报关

EDI 用于外贸业，可提高用户的竞争能力。EDI 用于通关和报关，可加速货物通关，提高对外服务能力，减轻海关业务的压力，防止人为弊端，实现货物通关自动化和国际贸易的无纸化。

（3）EDI 用于税务

税务部门可利用 EDI 开发电子报税系统，实现纳税申报的自动化，既方便快竭、又节省人力物力。

（4）EDI 用于制造业、运输业和仓储业

制造业利用 EDI 能充分理解并满足客户的需要，制订出供应计划，达到降低库存、加快资金流动的目的。运输业采用 EDI 能实现货运单证的电子数

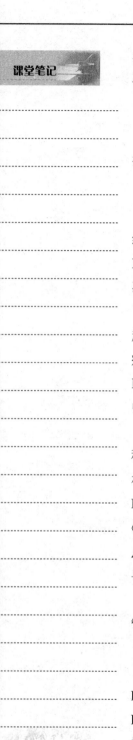

据传输，充分利用运输设备、仓位，为客户提供高层次和快竭的服务。对仓储业，可加速货物的提取及周转，减缓仓储空仓。

（三）电子数据交换的用户入网方式

用户终端可通过电话网、CHINAPAC 网、DDN 网、CHINANET 网等方式接入 EDI 系统。

（四）EDI 标准体系

电子数据交换是目前为止最为成熟和使用范围最广泛的电子商务应用系统。其根本特征在于标准的国际化，标准化是实现 EDI 的关键环节。早期的 EDI 标准，只是由贸易双方自行约定，随着使用范围的扩大，出现了行业标准和国家标准，最后形成了统一的国际标准。国际标准的出现，大大地促进了 EDI 的发展。随着 EDI 各项国际标准的推出，以及开放式 EDI 概念模型的趋于成熟，EDI 的应用领域不仅只限于国际贸易领域，而且在行政管理、医疗、建筑、环境保护等各个领域得到了广泛应用。可见 EDI 的各项标准是使 EDI 技术得以广泛应用的重要技术支撑，EDI 的标准化工作是在 EDI 发展进程中不可缺少的一项基础性工作。

EDI 标准体系是在 EDI 应用领域范围内的、具有内在联系的标准组成的科学有机整体，它由若干个分体系构成，各分体系之间又存在着相互制约、相互作用、相互依赖和相互补充的内在联系。我国根据国际标准体系和我国 EDI 应用的实际以及未来一段时期的发展情况，制订了 EDI 标准体系，以《EDI 系统标准化总体规范》作为总体技术文件。该规范作为我国"八五"重点科技攻关项目，是这一段时间内我国 EDI 标准化工作的技术指南，处于主导和支配作用。

根据该规范，EDI 标准体系分基础、单证、报文、代码、通信、安全、管理地应用标准几个部分，大致情况如下。

（1）EDI 基础标准体系

主要由 UN/EDIFACT 的基础标准和开放式 EDI 基础标准两部分组成，是 EDI 的核心标准体系。其中，EDIFACT 有 7 项基础标准，包括 EDI 术语、ED-IFACT 应用级语法规则、语法规则实施指南、报文设计指南和规则、贸易数据元目录、复合数据元目录、段目录、代码表，我国等同采用了这 7 项标准；开放式 EDI 基础标准是实现开放式 EDI 最重要、最基本的条件，包括业务、法律、通信、安全标准及信息技术方面的通用标准等，ISO/IECJTC1SC30 推出《开放式 EDI 概念模型》和《开放式 EDI 参考模型》，规定了用于协调和制定现有的和未来的开放式 EDI 标准的总体框架，成为未来开放式 EDI 标准化工作的指南。随之推出的一大批功能服务标准和业务操作标准等将成为指导各个领域 EDI 应用的国际标准。

（2）EDI 单证标准体系

EDI 报文标准源于相关业务，而业务的过程则以单证体现。单证标准化的主要目标是统一单证中的数据元和纸面格式，内容相当广泛。其标准体系包括管理、贸易、运输、海关、银行、保险、税务、邮政等方面的单证标准。

（3）EDI 报文标准体系

EDI 报文标准是每一个具体应用数据的结构化体现，所有的数据都以报文的形式传输出去或接收进来。EDI 报文标准主要体现于联合国标准报文（United Nations Standard Message，简称 UNSM），其 1987 年正式形成时只有十几个报文，而到 1999 年 2 月止，UN/EDIFACT D.99A 版已包括 247 个报文，其中有 178 个联合国标准报文（UNSM）、50 个草案报文（Message in Development，简称 MiD）及 19 个作废报文，涉及到海关、银行、保险、运输、法律、税务、统计、旅游、零售、医疗、制造业等诸多领域。

（4）EDI 代码标准体系

在 EDI 传输的数据中，除了公司名称、地址、人名和一些自由文本内容外，几乎大多数数据都以代码形式发出，为使交换各方便于理解收到信息的内容，便以代码形式把传输数据固定下来。代码标准是 EDI 实现过程中不可缺少的一个组成部分。EDI 代码标准体系包括管理、贸易、运输、海关、银行、保险、检验等方面的代码标准。

（5）EDI 通信标准体系

计算机网络通信是 EDI 得以实现的必备条件，EDI 通信标准则是顺利传输以 EDI 方式发送或接收的数据的基本保证。EDI 通信标准体系包括 ITU 的 X.25、X.200/ISO 7498、X.400 系列/ISO 10021、X.500 系列等，其中 X.400 系列/ISO 10021 标准是一套关于电子邮政的国际标准。虽然这套标准，ISO 叫作 MOTIS，ITU 称为 MHS，但其技术内容是兼容的，它们和 EDI 有着更为密切的关系。

（6）EDI 安全标准体系

由于经 EDI 传输的数据会涉及商业秘密、金额、订货数量等内容，为防止数据的篡改、遗失，必须通过一系列安全保密的规范给以保证。EDI 安全标准体系包括 EDI 安全规范、电子签名规范、电文认证规范、密钥管理规范、X.435 安全服务、X.509 鉴别框架体系等。为制定 EDIFACT 安全标准，联合国于 1991 年成立了 UN/EDIFACT 安全联合工作组，进行有关标准的制定。

课堂笔记

（7）EDI 管理标准体系

EDI 管理标准体系主要涉及 EDI 标准维护的有关评审指南和规则，包括标准技术评审导则、标准报文与目录文件编制规则、目录维护规则、报文维护规则、技术评审单格式、目录及代码编制原则、EDIFACT 标准版本号与发布号编制原则等。

（8）EDI 应用标准体系

EDI 应用标准体系主要指在应用过程中用到的字符集标准及其他相关标准，包括：信息交换用七位编码字符集及其扩充方法；信息交换用汉字编码字符集；通用多八位编码字符集；信息交换用汉字编码字符集辅 2 集、4 集等。

EDI 标准体系的框架结构并非一成不变，它将随着 EDI 技术的发展和 EDI 国际标准的不断完善而将不断地进行更新和充实。

（五）UN/EDIFACT

联合国行政、商业与运输电子数据交换组织（United Nations Electronic Data Interchange for Administration Commerce and Transport，UN/EDIFACT）是国际 EDI 的主流标准。当今 EDI 国际标准主要就是指 UN/EDIFACT 标准和 ISO 标准。UN/EDIFACT 标准是由联合国欧洲经济委员会（UN/ECE）制定并发布的，而 ISO 标准由国际标准化组织制定并发布。并且这两个组织已形成了良好的默契，UN/EDIFACT 标准中的一部分已经纳入到 ISO 标准中，UN/EDIFACT 的很多标准都涉及到 ISO 标准的应用。UN/EDIFACT 标准比较偏重当前的应用；而 ISO 的一些标准和研究结果则测重未来的发展。本章着重介绍 UN/EDIFACT。

早在 20 世纪 60 年代初，联合国欧洲经济简化工作组（UN/ECE/WP.4）在贸发会的领导下，成立了两个专家工作组：GE1 和 GE2，分别负责 UN/EDIFACT 标准开发和处理贸易程序及单证问题。70 年代初期该工作组推荐了供世界范围使用的《联合国贸易单证样式（UNLK）》，并相继产生了一系列标准代码，即国际贸易术语解释通则（INCOTERM）代码等，为数据交换提供了重要的规则，为 EDI 标准的建立奠定了基础。1981 年 UN/ECE/WP.4 将推出的贸易数据交换指南（GTD1）和 ANSI X.12 标准一致起来，对统一制订 EDI 标准进行了协调，制定了联合国贸易数据交换用于行政、商业、运输的标准，并于 1986 年正式定名为 UN/EDIFACT。EDIFACT 由一整套用于 EDI 的国际间公认的标准、规则和指南组成，其公布得到了包括美国在内的世界各国的支持，美国也逐步地从 ANSI X.12 标准过渡到使用 EDIFACT。EDIFACT

的产生为电子报文取代传统的纸面单证奠定了基础，从而使得跨行业、跨国界的 EDI 应用成为可能。

由 UN/ECE 发布的 EDIFACT 标准和规范已达近 200 个，它们大致分为基础类、报文类、单证类、代码类、管理类等。

（六）ANSI X.12

当前主要存在两种 EDI 报文格式相关标准：一种是适用于行政、商业和运输业的国际标准 EDIFACT；另一种则是美国的适用于各行各业的美国国家标准 ANSI X.12。EDIFACT 标准，是国际社会公认的 EDI 国际标准，支持这一标准的国家和地区越来越多，其中许多国家已将其转化为自己的国家标准。而 ANSI X.12 由于开发、应用时间较早，目前仍在北美地区流行。

ANSI X.12 的前身是由美国数据协调委员会（TDCC）20 世纪 60 年代在美国国防部的支持下，制定的世界上第一个 EDI 标准——TDCC 标准。1975 年美国国家标准协会（ANSI）吸收和完善 TDCC 通用文件，在其基础上制定了适合各行业的通用标准——ANSI X.12 标准。1980 年成立了 X.12 鉴定标准委员会，下设 10 个分委员会，分别针对不同行业和功能，制订相应的贸易文件格式和标准。该标准在北美得到推广，美国沿用至今。

ANSI X.12 和 EDIFACT 的体系结构相似。在 EDIFACT 系统中，将特定的电子单证（如订单、发票等）称为报文，而在 ANSI X 12 系统中，称之为交易集。ANSI X.12 现已发布 100 多个交易集标准。

（七）FEDI 规范

金融电子数据交换（Financial Electronic Data Interchange，FEDI）是银行与其商务伙伴间以标准方式进行的支付、相关支付信息、或金融相关文档的电子交换。由于 EDI 在支付活动中起着越来越重要的作用，并对银行业也有着重要影响，因此，目前不同规模的公司、企业、政府及金融机构正正采纳金融 EDI 进行支付，以最小化纸张流量。目前 FEDI 标准被严格用于 B-to-B 交易。

目前有 4 种支付标准方式用于 FEDI，分别是现金集中与支付（Cash Concentration or Disbursement，简称 CCD）、现金集中与支付补遗（Cash Concentration or Disbursement plus addenda，CCD+）、合作贸易交换（Corporate Trade Exchange，CTX）、合作贸易支付（Corporate Trade Payments，CTP）。用这 4 种格式能使贸易伙伴通过其金融机构，以标准格式进行支付与支付相关信息的电子传输。

EDI 应用模拟系统主要提供 EDI 单证填写，生成、发送模拟流程，让学生了解和模拟电子数据交换过程。如图9-1。

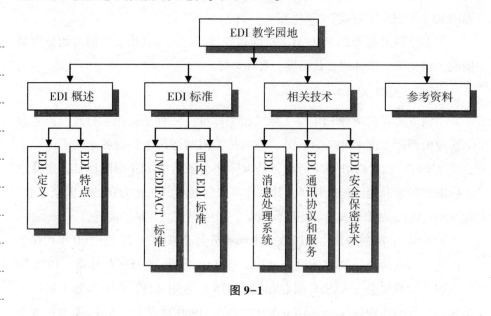

图 9-1

任务实施

EDI 应用模拟系统是根据当今 EDI 标准建立的模拟系统，该系统主要为学生提供单证录入、EDI 报文制作、报文生成、报文转译、报文发送、报文接收等一系列功能。使学生清楚地了解 EDI 应用系统的特点和工作原理。

EDI 应用模拟系统工作流程图9-2：

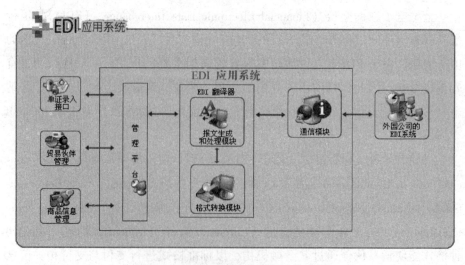

图 9-2　EDI 应用模拟系统工作流程

贸易伙伴管理：提供贸易伙伴管理功能，为贸易企业双方提供身份确认的功能，贸易企业可以在系统进行注册，为 EDI 系统建立企业信息标准。

商品信息管理：提供商品信息添加功能，为贸易企业提供企业商品注册，并为 EDI 系统建立商品信息标准。

单证录入接口：提供单证填写，单证生成功能，主要为企业提供单证填写模板，企业可通过模板生成相应的 EDI 报文。

报文生成和处理模块：提供单证的映射，可将单证转成平文形式。为翻译系统做准备。

格式转换模块：提供平文向原始报文格式的转换功能。可将单证翻译成标准的计算机识别语言，并为发送做好准备。

通信模块：提供 EDI 报文的发送功能，可将报文发送到贸易对方客户端系统。

管理平台：为企业提供回执查询功能、报文发送情况查询功能等。

一、企业注册

在进入 EDI 模拟平台时，首先进行进出口企业注册。

二、添加贸易伙伴

只有进行了企业注册后，才可以添加该企业的贸易伙伴，首先是添加贸易伙伴的类型，再添加贸易伙伴的名称等相关内容。

三、添加商品

通过该模块，添加商品信息，如名称、价格、数量、产地等。

四、单证填写

进行贸易伙伴之间的合同单证填写。

五、报文生成和处理

由于是自动流程，所以该模块的操作相对简单，但同学要多注意过程中产生的报文内容，看是否能明白其中的含义。

课堂笔记

重点及注意事项

（1）必须先添加了贸易伙伴类型，才能添加贸易伙伴；

（2）单证填写时，第一页必须要先选择日期，然后选择商品，才可以继续完成。

项目十　网上单证模拟实训

任务描述

　　李山是某购物网站的技术人员，公司要求他设计一个供用户填写和显示购物信息的简单流程，流程标题为"×××订单流程"，选择"身份注册"类型的模板，模板标题为"×××订购信息"，该模板中包含"用户名"、"口令"、"送货地址"、"特殊要求"四项信息。其中"送货地址"为必填项，"特殊要求"一项多行显示。第一个节点填写的信息显示在第二个节点中。设计完毕，测试该流程。（请在电子商务师实验室中模拟实现，×××代表学生学号的后三位，其他信息自定义。）

学习目标

　　（1）单证流程的设计在实训中是比较特殊的内容，通过学习，可以了解流程的各个环节以及之间的关系；

　　（2）掌握流程中四个模版的设计，尤其涉及到注册中的"必填项"和"多项"的处理；

　　（3）掌握流程中节点的添加；

　　（4）据此写出实训报告。

任务准备

　　此模块让学习者了解掌握网上单证的流程操作与设计的方法。前台的操作是用来检验后台的设计，所以建议首先了解后台的设计。

任务实施

一、单证流程操作（前台）

根据后台的单证流程步骤设计，可以练习单证流程操作。首先输入用户名和用户密码登录网上单证前台（如果是首次使用网上单证模块，必须首先注册一个网上单证的用户），进入如图10-1所示界面。

图10-1　网上单证初始界面

具体操作步骤如下：

（1）在下拉菜单中选择流程标题，系统将自动显示流程简介；

（2）点击进入流程，按流程提示的步骤进行操作。

二、单证设计管理（后台）

该模块主要让学生练习单证格式和步骤的设计。点击"进入网上单证后台管理"，进入如图10-2所示界面：

单证模板管理

该模块主要对单证模板进行查询、添加、修改和删除，操作如下：

（1）按模板标题和单证类型进行查询，输入查询条件后按查询按钮，系统将显示搜索结果；

（2）选定删除栏的选择框，按"删除"按钮将该模板清除；若需全部删除，点击"全选"按钮，系统会将所有删除框选定，再按"删除"按钮即可。

（3）点击"新增"按钮，进入添加模板界面；

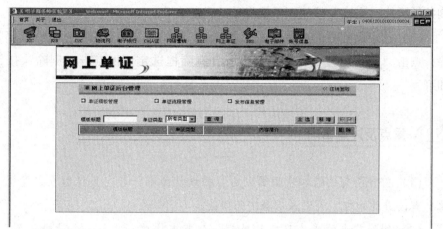

图 10-2　网上单证后台管理

（4）选择"单证类型"，填写"模板标题"和"内容简介"，点击下一步；

（5）按要求填写模板的内容；

（6）进行的步骤中您可以通过点击"预览"按钮来浏览您的编辑界面；

（7）所有步骤完成后，点击"完成"按钮即可。

单证流程管理

该模块主要对单证的操作步骤进行查询、添加、修改和删除，操作如下：

（1）按流程标题对流程进行查询，输入查询条件后按查询按钮，系统将显示搜索结果；

（2）选定删除栏的选择框，按"删除"按钮将该流程清除；若需全部删除，点击"全选"按钮，系统会将所有删除框选定，再点击"删除"按钮即可；

（3）点击"新增"按钮，进入添加界面；

（4）输入流程标题和内容简介后，点击"确定"按钮；

（5）点击"添加节点"，填写完内容后点击下一步；

（6）如果需要修改上一步的内容，点击上一步，返回修改所填写的内容；点击"重填"回到初始状态重新填写；点击"预览"查看编辑界面；编辑完毕点击"完成"按钮，系统提示增加节点成功；

（7）回到添加节点界面继续增加新的节点或按删除节点对节点进行删除。

发布信息管理

该模块主要对前台发布的信息进行查询和删除，操作如下：

（1）选择模板类型和模板标题，单击"确定"进入发布信息列表页面；

（2）在发布信息列表页面，可以按信息发布人对信息进行查询，输入查询条件后按"查询"按钮，系统将显示搜索结果；

（3）选定删除栏的选择框，按"删除"按钮将该信息清除；若需全部删除，点击"全选"按钮，系统会将所有删除框选定，再点击"删除"按钮即可。

重点及注意事项

（1）前台所有的操作步骤都以后台的设计为准，若在操作过程中发现步骤有需改进的地方，可进入后台进行修改。

（2）删除节点的操作只能从最后一个节点往前，一个一个地进行删除，若要删除第一个节点，则需全部删除完毕。

（3）添加或删除完毕点击右上角的首页返回。

项目十一　BBS 论坛模拟实训

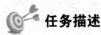

任务描述

　　小王是某 BBS 的管理员，应网友要求在论坛首先添加"汽车类"，再添加"QQ 车友族"分论坛；小李看到后立即发布了一个标题和内容都为"现有一批 QQ 车饰交换"的新帖，小张看到该贴后，立即回帖"有哪些可供交换的车饰？"。以上操作在电子商务师平台的 BBS 模块中模拟完成。

学习目标

（1）了解 BBS 的发展历史；

（2）掌握 BBS 后台管理技巧；

（3）熟练进行 BBS 的发帖、回帖和管理。

任务准备

一、BBS-基本简介

　　BBS 的英文全称：Bulletin Board System 中文名称："电子公告板"。BBS 最早是用来公布股市价格等类信息的，当时 BBS 连文件传输的功能都没有，而且只能在苹果计算机上运行。早期的 BBS 与一般街头和校园内的公告板性质相同，只不过是通过电脑来传播或获得消息而已。一直到个人计算机开始普及之后，有些人尝试将苹果计算机上的 BBS 转移到个人计算机上，BBS 才开始渐渐普及开来。

　　BBS 是 Internet 上的一种电子信息服务系统。它提供一块公共电子白板，每个用户都可以在上面书写，可发布信息或提出看法。它是一种交互性强，内容丰富而及时的 Internet 电子信息服务系统，用户在 BBS 站点上可以获得各种信息服务、发布信息、进行讨论、聊天等等。

电子公告栏（BBS）是一种交互性强、内容丰富而及时的 Internet 电子信息服务系统。用户可以通过 Modem 和电话线登录 BBS 站点，也可以通过 Internet 登录。用户在 BBS 站点上可以获得各种信息服务：下载软件、发布信息、进行讨论、聊天等。BBS 站点的日常维护由 BBS 站长负责。它提供一块公共区域，用户可以在上面发布信息或提出看法。大部分 BBS 由教育机构，研究机构或商业机构管理。

二、BBS-历史回顾

1978 年在美国芝加哥开发出一套基于 8080 芯片的 CBBS/Chicago（Computerized Bulletin Board System/Chicago），此乃最早的一套 BBS 系统。之后随着苹果机的问世，开发出基于苹果机的 Bulletin Board System 和大众信息系统（People's Message System）两种 BBS 系统。

1981 年 IBM 个人计算机诞生时，并没有自己的 BBS 系统。直到 1982 年，Buss Lane 才用 Basic 语言为 IBM 个人计算机编写了一个原型程序。其后经过几番增修，终于在 1983 年通过 Capital PC User Group（CPCUG）的 Communication Special Interest Group 会员的努力，改写出了个人计算机系统的 BBS。经 Thomas Mach 整理后，终于完成了个人计算机的第 1 版 BBS 系统——RBBS-PC。这套 BBS 系统的最大特色是其源程序全部公开，有利于日后的修改和维护，因此后来在开发其他的 BBS 系统时都以此为框架，所以 RBBS-PC 赢得了 BBS 鼻祖的美称。

1984 年美国的 Tom Jonning 开发了一套具有电子功能的电子公告板程序 FIDO。由于该软件具有站际连线和自动互传信息的功能，所以站际间彼此可以在一个共同的预定时间传送电子邮件，使得 BBS 网络化有了一线生机。

BBS 发展至今，目前世界上业余的 BBS 网络除了 FidoNet（惠多网）以外，几个较具知名度的还有 EggNet、AlterNet 和 RBBS-Net 等等。由于这些网络和 FidoNet 之间的信息交流不成问题，这就实现了所谓的跨网。

三、BBS-中国发展

大约是从 1991 年开始，中国开始了第一个 BBS 站。经过长时间的发展，直到 1995 年，随着计算机及其外设的大幅降价，BBS 才逐渐被人们所认识。1996 年更是以惊人的速度发展起来。中国的 BBS 站，按其性质划分，可以分为两种：一种是商业 BBS 站，如新华龙讯网；另一种是业余 BBS 站，如天堂

课堂笔记

资讯站。由于使用商业 BBS 站要交纳一笔费用，而商业站所能提供的服务与业余站相比，并没有什么优势，所以其用户数量不多。

多数业余 BBS 站的站长，基于个人关系，每天都互相交换电子邮件，渐渐地形成了一个全国性的电子邮件网络 China FidoNet（中国惠多网）。于是，各地的用户都可以通过本地的业余 BBS 站与远在异地的网友互通信息。这种跨地域电子邮件交流正是商业站无法与业余站相抗衡的根本因素。

由于业余 BBS 站拥有这种优势，所以使用者都更乐意加入。这里"业余"二字，并不是代表这种类型的 BBS 站的服务和技术水平是业余的，而是指这类 BBS 站的性质。一般 BBS 站都是由志愿者开发的。他们付出的不仅是金钱，更多的是精力。其目的是为了推动中国计算机网络的健康发展，提高广大计算机用户的应用水平。

四、BBS-现状展望

中国的 BBS 站，单线站还占大多数。随着计算机的普及，特别是调制解调器的大量使用，BBS 的活动将会进一步高涨。但是，随之而来的拨号难和抢线难的问题将会加剧。尽管 BBS 站台的数量在不断增长，但这种增长的幅度总也赶不上用户群的增长。

许多人同时拨号一个站台，不可避免地发生冲突。每回要拨上几十次乃至上百次才能成功连上一个 BBS 站的状况已经成为困扰今日中国 BBS 用户的一个难题。随着 BBS 活动的深入，中国已经出现了一些多线站，一次可以允许 2 人以上同时访问。

BBS 的发展过程中，也出现了一些问题。由于中国使用的 BBS 架站软件，都是从国外引进的，因此没有必要的中文说明。虽然一些热心的站长翻译了一些资料，但是仅靠这些是远远不够的。另外，有些站台的设立是相互抄袭，所以在结构上难免有雷同之处。

1999 年是中国网络的发展年。但是，应该清醒地认识到，一些 BBS 站并没有走上"简单、易用"这一层次。包括一些厂商架设的 BBS 站，实用性还需要加强。中国的 BBS 站将向着个性化和专业化的方向发展。

五、BBS-分类

综合类

综合类的论坛包含的信息比较丰富和广泛，能够吸引几乎全部的网民来到论坛，但是由于广便难于精，所以这类的论坛往往存在着弊端，即不能全部做到精细和面面俱到。通常大型的门户网站有足够的人气和凝聚力以及强大的后盾支持能够把门户类网站做到很强大，但是对于小型规模的网络公司，或个人简历的论坛网站，就倾向于选择专题性的论坛，来做到精致。

专题类

此类论坛是相对于综合类论坛而言，专题类的论坛，能够吸引真正志同道合的人一起来交流探讨，有利于信息的分类整合和搜集，专题性论坛对学术科研教学都起到重要的作用，例如购物类论坛、军事类论坛，情感倾诉类论坛，电脑爱好者论坛，动漫论坛，这样的专题性论坛能够在单独的一个领域里进行版块的划分设置，甚至有的论坛，把专题性直接做到最细化，这样往往能够取到更好的效果。

教学型

这类论坛通常如同一些教学类的博客。或者是教学网站，重心放在对一种知识的传授和学习，在计算机软件等技术类的行业，这样的论坛发挥着重要的作用，通过在论坛里浏览帖子，发布帖子能迅速的与很多人在网上进行技术性的沟通和学习。譬如金蝶友商网。

推广型

这类论坛通常不是很受网民的欢迎，因其生来就注定是要作为广告的形式，为某一个企业，或某一种产品进行宣传推广服务，从2005年起，这样形式的论坛很快的成立起来，但是往往这样的论坛，很难具有吸引人的性质，单就其宣传推广的性质，很难有大作为，所以这样的论坛寿命经常很短，论坛中的会员也几乎是由受雇佣的人员非自愿的组成。

地方性

地方性论坛是论坛中娱乐性与互动性最强的论坛之一。

不论是大型论坛中的地方站，还是专业的地方论坛，都有很热烈的网民反响，比如百度、长春贴吧、北京贴吧或者是清华大学论坛、运城论坛、海内网、长沙之家论坛等，地方性论坛能够更大距离的拉近人与人的沟通，另外由于是地方性的论坛，所以对其中的网民也有了一定性的局域限制，论坛中的人或多或少都来自于相同的地方，这样即有那么点点的真实的安全感，也少不了网络特有的朦胧感，所以这样的论坛常常受到网民的欢迎。

交流性

交流性的论坛又是一个广泛的大类，这样的论坛重点在于论坛会员之间的交流和互动，所以内容也较丰富多样，有供求信息，交友信息，线上线下活动信息，新闻等，这样的论坛是将来论坛发展的大趋势。

六、BBS–知名 BBS

网易社区（http://bbs.163.com/）：网易社区是集网易博客，空间服务，社区，club，热点，讨论，交友，情感，游戏，动漫，旅游，摄影，星座，音乐，漫画，时尚，电影，手机，数码，汽车，图片，美容，女人等为一体的交流平台。

新浪主题社区（http://people.sina.com.cn/）：是新浪网最具悠久历史的产品，如今已经走过 10 个年头，新浪论坛拥有数千个主题论坛，用户超过千万，是中文论坛中的领导者。

天涯社区（http：//www.tianya.cn/）：天涯社区，创办于 1999 年 3 月 1 日，是一个在全球极具影响力的网络社区，自创立以来，以其开放、包容、充满人文关怀的特色受到了全球华人网民的推崇，经过十年的发展，已经成为以论坛、博客、微博为基础交流方式，综合提供个人空间、相册、音乐盒子、分类信息、站内消息、虚拟商店、来吧、问答、企业品牌家园等一系列功能服务，并以人文情感为核心的综合性虚拟社区和大型网络社交平台，截至 2013 年 8 月，天涯社区注册用户数达 8500 万。

西祠胡同（http：//www.xici.net/）：西祠胡同始建于 1998 年，是华语地区第一个大型综合社区网站，经多年积累和发展，西祠已成为最重要的华人社区门户网站。

猫扑（http：//www.mop.com/）：猫扑网（英语：MOP）的雏形是猫扑大杂烩，是中国知名的中文网络社区之一，拥有注册用户 1.3 亿人。猫扑网于 1997 年 10 月建立。2004 年被千橡互动集团并购。2012 年，猫扑资产划归至美丽传说。2012 年 6 月 7 日，美丽传说正式进驻广西南宁。经过短短十余年的发展，目前，它已发展成为集猫扑大杂烩、猫扑贴贴论坛、猫扑小说、猫扑乐加、猫扑游戏、猫扑地方站等产品为一体的综合性富媒体娱乐互动平台。该网站中发明了许多网络词汇，是中国大陆地区网络词汇的发源地之一，为大陆地区影响力较大的论坛之一。

任务实施

BBS 是一种电子信息服务系统，它提供一块公共电子白板，每个用户都可以在上面书写，可发布信息或提出看法。大部分 BBS 象日常生活中的黑板报一样，电子公告牌按不同的主题、分主题分成很多个布告栏。管理员账号：

"admin"，密码："admin"

一、注册 BBS 会员

（1）点击 BBS 页面，如图 11-1 所示。

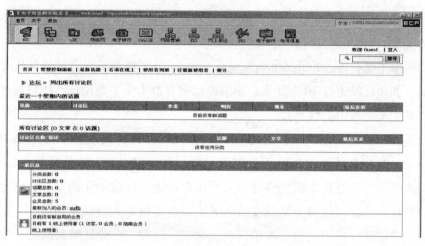

图 11-1　BBS 界面

（2）点击"注册新使用者"，进入页面。

（3）根据提示要求，填写完成注册资料点击"注册"。

二、新建 BBS 分类

（1）点击"登入"，输入管理员账号"admin"密码"admin"。

（2）点击"管理控制面板"进入管理员页面，如图 11-2 所示。

（3）点击"论坛管理"进入论坛管理页面。

（4）点击"新增分类"，填写完整信息，增加分类。

（5）分类增加成功后，点击"新增论坛"。

（6）填写完整论坛信息，点击"新增"完成。

三、用户发贴/回帖

（1）在论坛首页中，选择相应的论坛，点击进入。

（2）点击"发表新帖子"。

（3）写下相应的标题、内容，点击"发表新话题"，发贴完成。

（4）用户查看发贴后，点击"回复此篇文章"，在相应位置填写回帖内容，点击"回复本篇文章"，完成回帖。

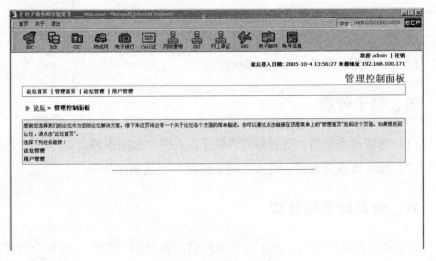

图 11-2 管理控制面板

四、用户上传图片

不是每个注册用户都有上传图片的功能,如果帖子中需要上传图片,操作过程如下。

(1)首先管理员要给该用户在本论坛中上传图片的权限。管理员进入管理控制面板,点击用户管理。

(2)选择需要赋予权限的用户,点击全部权限,进入全部权限显示页面。把添加附件和获取附件的权限赋予该用户,该用户就有上传图片的权限。

(4)该用户在相应的论坛可以添加附件。

(5)用户发贴时候,填写完成帖子内容后,选择"我想要附加档案"。

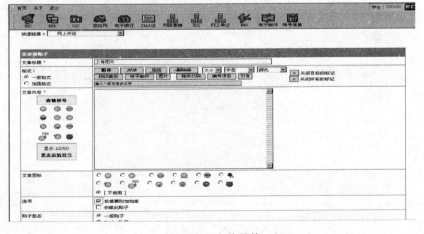

图 11-3 上传图片

（6）点击"发表新帖子"，发表成功后，系统自动转到添加"附加档案"页面。

（7）上传附加图片，点击"附加档案"。

五、帖子管理

（1）管理员登陆后，选择相应的帖子，点击"删除本篇文章"。

（2）输入管理员密码，点击"确定删除"完成删除帖子。

六、会员账号的管理

以管理员身份登陆后，点击"管理控制面板-用户管理"，在用户管理页面，列出所有用户，对用户进行管理。

重点及注意事项

（1）首先以管理员身份 admin 进入控制面板；

（2）按照要求现添加"类别"，再添加"分论坛"；

（3）以普通会员进行"注水"时，必须先注册身份。

项目十二　网络使用实训

任务一　基本网络工具使用

任务描述

小江是一名刚进入大学的大学生，在学习互联网知识后，将 IE 浏览器 Internet 选项进行了如下设置：

(1) 主页设置为 http://www.jhxy.com.cn；

(2) 设置 Internet 临时文件，自动检查浏览器的最新版本；存放临时文件的磁盘空间为 100M；将临时文件存放地址改变为 D:/ABC；

(3) 将 HTML 编辑器默认为"记事本"；

(4) 在"内容"里设置清除个人信息。

学习目标

(1) 能够正确设置 Internet 选项；

(2) 能够进行 IE 的安全设置。

任务准备

一、主页

在 WWW 环境中，信息是以信息页的形式显示与链接的。信息页由 HTML 语言来实现，其中可以包含文字、表格、图像、声音、动画与视频等信息内容，信息页之间建立了超文本链接以便于浏览。

主页（Home Page）是指个人或机构的基本信息页面，用户通过主页可以访问有关的信息资源。主页通常是用户使用 WWW 浏览器访问 Internet 上任何 WWW 服务器（即 Web 主机）所看到的第一个页面。

主页一般包含以下几种基本元素

（1）文本（Text）：最基本的元素，就是通常所说的文字。

（2）图像（Image）：WWW 浏览器一般只识别 GIF 与 JPEG 两种图像格式。

（3）表格（Table）：类似于 Word 中的表格，表格单元内容一般为字符类型。

（4）超链接（Hyper Link）：HTML 中的重要元素，用于将 HTML 元素与其它主页相连。

主页经常用来对运行 WWW 服务器的单位进行全面介绍，也是人们通过 Internet 了解一个学校、公司、政府部门的重要手段。WWW 在商业上的重要作用就体现在这里：人们可以使用 WWW 介绍一个公司的概况、展示公司新产品的图片、介绍新产品的特性，或利用它来公开发行免费的软件等

二、统一资源定位器 URL

统一资源定位器 URL（Uniform Resource Locators）是在一个计算机网络中用来标识、定位某个主页地址，既用来定位信息资源所在位置。

URL 是 WWW 的地址编码，采用 URL 可以用一种统一的格式来描述各种信息资源，包括文件、服务器的地址和目录等。它完整地描述了 Internet 上超文本的地址，这种地址可以是本机磁盘，也可以是 Internet 上的站点。在 WWW 上的所有能被访问的信息资源，都有一个唯一的地址，即 URL。URL 的内容包括传输协议、存放该资源的服务器名称、资源在服务器上的路径及文件名。URL 的格式为：

（协议）：//（主机名）：（端口号）/（文件路径）/（文件名）

其中：

（1）协议：或称服务方式是指 http，FTP，Telnet 等信息传输协议。最常用的是 http 协议，它是目前在 WWW 中应用最广的协议。

（2）主机名：是指存有资源的主机名字，可以使用它的域名，也可以用它的 IP 地址来表示。例：http://www.shcp.edu.cn 与 210.35.104.1 等价。

（3）端口：是指进入服务器的通道，一般为默认端口，如 http 协议端口

号为 80，FTP 协议的端口号为 21，默认端口号在输入时可以省略。有时为了安全问题，如果不希望其他人都能够随意进入你的服务器访问信息资源时，也可以对端口号重新定义，即非标准端口，这时的端口号就不能省略。

（4）文件路径：是指文件在服务器系统中的相对路径，而不是指文件在主机中实际存取的绝对路径。

（5）文件名：是指信息资源文件的名称。

（6）协议和主机名之间用"：//"符号隔开；主机名、文件路径和文件名间用"/"符号隔开。

（7）协议和主机名是不可缺少的，在使用常用的浏览器时，http 是默认协议，因此在输入地址时常常被省略，而文件路径和文件名有时也可以省略。

（8）本地 URL 用于浏览器访问本地机器上的文件，文件类型可以是 HTML 文件，也可以是图像或声音文件。

例 1：http：//www. microsoft. com/china/msolownlood/default. htm 此 URL 表明的信息是当前用户正在使用 http 协议来读取 www. microsoft. com 服务器上 china/msolownlood/目录下的 default. htm 页面文件。

三、安全等级

Internet Explorer 5 将 Internet 划分成四个区域：Internet 区域、本地 Internet 区域、可信站点、受限站点。单击自定义级别按钮可自定义安全等级。单击默认级别按钮可自动设置安全等级。在默认情况下，Internet 区域包含了不在用户的计算机和 Internet 上以及未分配到其他区域的所有站点。Internet 区域的默认安全等级为"中"。

本地 Internet 区域：该区域适用于连接到本地网络的计算机。该区域默认安全等级为"中低"。可信站点区域：该区域可直接下载或运行文件，而不用担心会危害个人计算机。这些站点是公司的辅助机构或是值得信任的商业伙伴的 WEB 站点。该区域默认安全等级为"低"。受限站点区域：该区域包含用户不信任的站点。该区域默认安全等级为"高"。

四、TCP/IP 协议

在计算机网络中有许多互相连接的结点，这些结点间要不断地进行数据交换。要做到有条不紊地交换数据，每个结点必须遵守一些事先约定好的规则。这些规则规定了数据交换的格式及同步问题。为进行网络中的数据交换而建立的规则、标准或约定叫做网络协议。

TCP/IP（Transmission Control Protocol/Internet Protocol）协议是 Internet 所使用的协议，是事实上的工业标准。TCP 是传输控制协议，规定一种可靠的数据信息传递服务。IP 协议又称互连网协议，提供网间网连接的完善功能。

五、IP 地址

网络中，每一台主机必须有一个 IP 地址，以确定主机的位置。这个 IP 地址在整个网络中必须是唯一的。Internet 上计算机的 IP 地址有两种表示形式：IP 地址和域名。

TCP/IP 协议规定，每个 IP 地址由网络地址（NETID）和主机地址（HOSTID）两部分组成。网络地址的长度决定整个网间网能包含多少个网络，主机地址的长度决定每个网络能容纳多少台主机。每个 IP 地址由 32 个二进制位构成，分 4 组，每组 8 个二进制位。实际表示中，每组以十进制数字 0~255 表示，每个组间以"."隔开，称为点分十进制编址，例如：

202.44.102.13

102.33.2.3

19.29.50.1

TCP/IP 根据网络规模的大小将 IP 地址分为 5 类，即 A 类、B 类、C 类、D 类和 E 类。其中 D 类地址叫多目地址，E 类地址用于将来的扩展之用，这两地址并不常用。我们常用的地址有 A 类、B 类和 C 类地址，所以有的资料上称 IP 地址有三类。它们的二进制位分布如图 12-1 所示。从图中可以看出，A、B、C 类地址的区别之处在第一组二进制位。

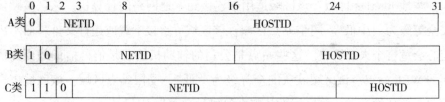

图 12-1　IP 地址的分类

A 类地址第一组数字的首位一定为 0。IP 地址规定第一组数字不能为 0，第一组数字中不能使用 127（十进制）。故 A 类地址的范围是 1 ~ 126（00000001~01111110），所以全世界范围内只有 126 个 A 类网络。在 A 类网络中，每个网络能容纳 16777214 台主机。

B 类地址的范围是 128～191（10000000～10111111），即第一组数字的第一位一定为 1，第二位一定为 0。每个 B 类网络所能容纳的主机数量为 65534 台。

C 类地址第一组数字的第一位一定为 1，第二位一定为 1，第三位一定为 0，所以 C 类地址的范围是 192～223（11000000～11011111），每个 C 类网络所能容纳的主机数为 254 台。

使用点分十进制编址很容易识别 IP 地址属于哪一类 IP 地址，方法是查看第一组数字。例如，193.141.15.163 是一个 C 类地址，184.12.15.6 是一个 B 类地址，23.34.23.1 是一个 A 类地址。

六、域 名

所谓域名（Domain Name），就是用人性化的名字表示主机地址，这比用数字式的 IP 地址表示主机地址更容易记忆。

在 Internet 上所有主机都有一个"名字－地址"及"地址－名字"的映射，完成这一映射的系统叫做域名系统 DNS（Domain Name System）。完成映射的过程叫地址解析，完成"名字－地址"映射的过程叫正向解析，完成"地址－名字"映射的过程叫反向解析。域名系统对名字结构作了定义：名字从左到右结构，而表示的范围从小到大，这与 IP 地址表示的顺序正好相反。一个域名由若干部分组成，各部分用"."分隔，最后一部分是一级域名，也称顶级域名。例如在 www.pku.edu.cn 中，WWW 表示 WWW 服务器；pku 表示北京大学；.edu 表示教育机构；.cn 表示中国。

任务实施

一、常规选项设置

常规选项卡用来设置 Internet Explorer 的常规配置，在"工具"菜单中选择"Internet 选项"，如图 12-2 所示。

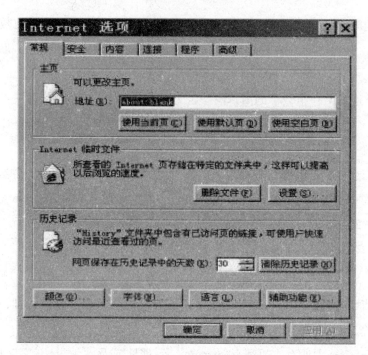

图 12-2 Internet Explorer 选项

（一）设置主页

"主页"是 Internet Explorer 每次启动时最先打开的起始页，有四种设置方法：

使用当前页

使用默认页

使用空白页

自定义

以上操作均要按"确定"或"应用"按钮才生效。

（二）设置 Internet 临时文件夹

用户访问过的所有有网页内容都保存在特定的文件夹中，其目的是便于用户发浏览后可以快速访问已访问过的网页。默认的文件夹为：C：/Windows/Temporary Internet Files 。

→ 删除文件：当硬盘空间不足，或不再需要这些网页时，可以将删除临时文件夹中的内容。单击"删除文件"按钮完成操作。

→ 设置：单击"设置"按钮出现对话框如图 12-3 所示。

图 12-3 Internet 设置

→ 每次访问此页时检查：当返回到以前查看过的网页时，指定 Internet Explorer 检查该网页自上次查看以来是否有改变。

→ 每次启动加 Internet Explorer 时检查：只有每次启动 Internet Explorer 时，检查以前查看过的网页是否有改变。这一选项能适当加快浏览已查看过网页的速度。

→ 自动：选择此项，则系统自动检查以前查看过的网页是否有改变。若有，则下载最新页，并把它存储到 Temporary Internet Files 文件中。

→ 不检查：当返回到以前查看过的网页时，Internet Explorer 不检查该页是否有改变。这一选项能显著提高浏览显示已下载过的网页时的速度。

→ 使用的磁盘空间："使用的磁盘空间"标尺可以用来调整 Internet 临时文件夹的空间大小。也可以手工输入磁盘空间大小。

→ 移动文件夹：将 Internet 临时文件夹 Temporary Internet Files 移到其它目录中。

以上操作按"确定"按钮生效。

(三) 设置历史记录

→ 历史记录：该选项用来设置 Internet Explorer 在"历史记录"列表中保留已查看网页的天数。

→ 清除历史记录：单击"清除历史记录"按钮，将清空 History 文件夹，并且可以进一步删除在本地存储的所有预订内容。

Internet Explorer 6.0 中文版对访问过的页面在 History 文件夹中保存快捷方式链接，单击该链接可以快速访问已查看过的网页。如果用户的磁盘空间

不够，可以适当减少网页保存在历史记录中的天数。

"常规"选项卡除上述选项外，还可对"语言""颜色""字体"等进行设置。

图 12-4　安全选项卡

二、安全设置

Internet Explorer 把各种 Web 站点分成四种安全区域，并对各个区域分别指定不同的安全等级，以便在下载 Web 站点的内容和运行 Internet 上的应用程序时进行限制。

这四种区域分别是 Internet 区域、本地企业网区域、可信站点区域和受限站点区域。其中，Internet 区域是默认区域，用来包括除其他三个区域之外的所有 Web 站点。

（一）设置安全级别

安全级别共有四种，分别为高、中、低和自定义。其中，Internet 区域和本地企业网区域的默认安全级别是中，可信站点区域的安全级别是高，受限站点区域的安全级别是低。另外，用户也可以自定义安全设置，点击"自定义"进行设置。

（二）向某个区域添加 web 站点

Web 站点默认时定义到了 Internet 区域，具有中等安全性级别。用户也可以把一些站点指派为本地企业网区域、可信站点区域和受限站点区域，以使这些站点具有该区域的安全级别。

重点及注意事项

（1）"清除历史记录"指清除 URL 地址中存贮的地址条目。

（2）在设置"内容"选项卡时，注意密码的使用，一旦设置密码就要记好。

任务二　压缩软件的使用

任务描述

明明是中网企业的电子商务人员，因公司要进军电子商务，所有他先到互联网上以 zq×××为企业名称申请一个 CA 证书，为了防止该 CA 证书被其他人使用，将该 CA 证书下载后用 winzip 压缩加密，压缩后将该文件命名为 NET. zip，密码为 netca。请在实验室上帮明明模拟完成（×××为学生学号后三位）。

学习目标

（1）能够正确使用常用压缩软件进行压缩与解压缩。

（2）能够在进行文件压缩时设置密码。

任务准备

WinZIP 目前版本是 8.0，文件大小为 1230KB，可到 WinZip Computing,Inc. 的网站（www. winzip. com）下载 WinZIP 8.0 的评估版本（基本无功能限制）。WinZIP 支持的压缩格式相当多。

WinZIP 的安装较简单，不过需要注意的是在安装过程中会让你选择 Start

with the WinZIP Wizard（以向导模式运行）和 Start with WinZIP Classic（以经典模式运行），可按自己习惯选择（见图 12-5）。WinZIP 的界面为标准的 Windows 界面（见图 12-6），共有 4 个菜单和 8 个快捷按钮。

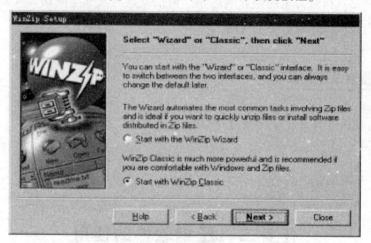

图 12-5 选择模式

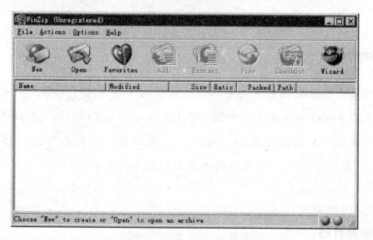

图 12-6　WinZIP 的界面

从网上传输的文件越小传输速度越快，一般的文件（图形文件除外）经过压缩后都会明显比原来小。经过压缩的文件在网上传输，接收后经过解压缩再运行。

压缩与解压缩的软件有很多，例如：ARJ、WinZIP、TurboZIP 等，目前以 WinZIP 应用的较普及，下面以 WinZIP 8.0 为例进行讲解。从网上上传、下载的压缩文件一般有两种类型 *.exe 文件（自解压文件）和 *.ZIP 文件（压缩文件）。前者可以直接运行解压，后者必须通过解压软件解压运行。

任务实施

一、压缩文件

（1）打开 RAR 软件，进入对话界面，见图 12-7。

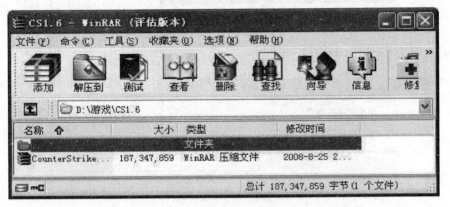

图 12-7 RAR 界面

（2）点击"添加"，进入压缩操作界面，见图 12-8。

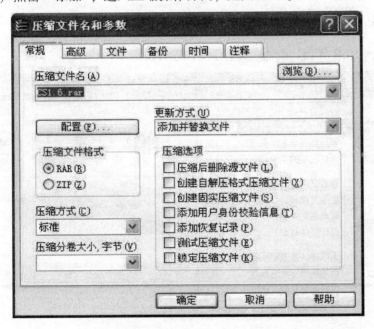

图 12-8 添加压缩文件

（3）点击"高级"，进入"高级"界面，可以进行解压密码的设置，见图 12-9。

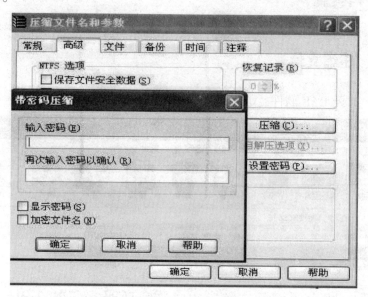

图 12-9 添加密码

二、解压缩文件

进入 RAR 界面，点击"解压到"，进行解压。

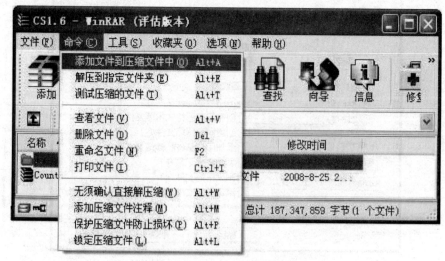

图 12-10 添加文件到已有压缩包中

三、将某一文件添加到已有压缩包

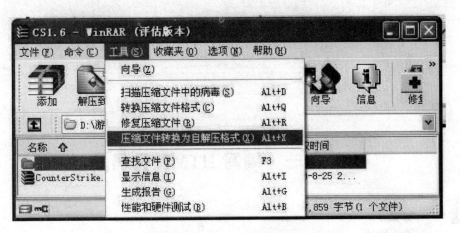

图 12-11　制作成自解压文件

四、将已压缩的文件制作成自解压文件

重点及注意事项

（1）在主窗口中点击文件图标即可运行相应的文件。

（2）可以在需要压缩的文件或者文件夹上单击右键，选择"添加到压缩文件"或者"添加到×××.rar"。

（3）解压文件时候可以在压缩格式的文件上单击右键，选择"解压文件"或者"解压到当前文件夹"或者"解压到×××/"。

课堂笔记

项目十三 网页制作实训

任务一 编写 HTML 代码

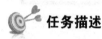 **任务描述**

小齐刚学习了 HTML 语言，他就想用记事本等文本编辑器编写下面图 13-1 的网页。假设你是小齐的同学，请你帮他完成。

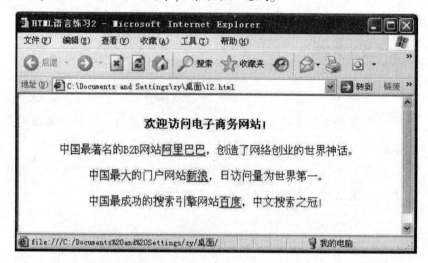

图 13-1

 **学习目标**

（1）了解 HTML 语言；

（2）熟悉 HTML 标记；

（3）能使用 HTML 语言进行简单网页的书写。

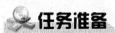

任务准备

一、HTML 超文本描述语言

HTML（HyperText Markup Language）的中文名称为"超文本标记语言"，是一种专门用来设计网页的计算机标记语言，HTML 对网页上的文字、图片等多媒体数据所出现的位置、形式、顺序及关系都使用标记（Tag）语法作定义以及对网页间加注超链接关系。通常，HTML 文件以 .htm 为扩展名，浏览器根据 Tag 语法对 ∗.htm 文件的内容加以处理，按照其指定方式将文字、图片等多媒体数据显示或播放出来。

二、HTML 文件的结构

HTML 通过使用标记和元素（不区分大小写）来建立文件，并利用标记来控制文件的结构。一个标准的 HTML 文件是以<html>标记开始，并以</html>标记结束的，用来告知浏览器这是整个 HTML 文件的范围。

在<html>~</html>之间包含两个主要的部分：一个是 HTML 文件的头部（Head），称为"标题设定区"，放置一些有关该文件的识别数据，前后使用<head>~</head>标记框住；另一个是文件的主体（Body），称为"HTML 网页文本区"，是显示在浏览器中的文件内容及其格式，前后使用<body>~</body>标记框住。

任务实施

一、基本架构

（1）用记事本编写以下代码：

```
<HTML>
  <HEAD>
    <TITLE>标题</TITLE>
  </HEAD>
  <BODY>
```

179

正文

</BODY>

</HTML>

（2）将其保存为如"E1.HTM"格式的文件；

（3）浏览"E1.HTM"格式的文件。

二、常用格式化标记的设置

步骤一 在文本文件编辑器中编写 HTML 文件（可参考下面的示例编写）。

步骤二 保存 HTML 文件。

步骤三 在浏览器中观察所编辑的 HTML 文件的显示效果。

示例1：标题标记，效果如图 13-2 所示。

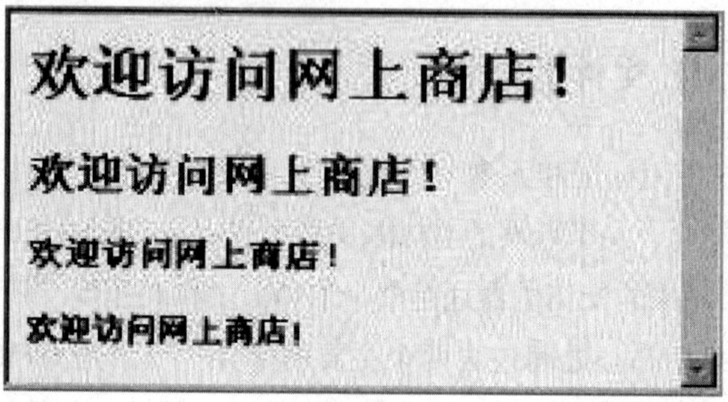

图 13-2

```html
<html>
  <head>
    <title>网上商店</title>
  </head>
  <body>
    <h1>欢迎访问网上商店！</h1>
    <h2>欢迎访问网上商店！</h2>
    <h3>欢迎访问网上商店！</h3>
    <h4>欢迎访问网上商店！</h4>
  </body>
</html>
```

180

☝ 提示：<h1>~<h6>标记用于设置段落标题的大小级数，其中<h1>是最大的标题，然后逐级变小，最小的是<h6>。此标记后可以加入 align 属性来控制文字的对齐方式，属性值可以取 left（左对齐）、right（右对齐）、center（居中）。例如"<h1 align=" center ">欢迎欢迎访问网上商店！</h1>"，表示将标记中的文字居中显示。

课堂笔记

示例2：分段与换行，效果如图 13-3 所示。

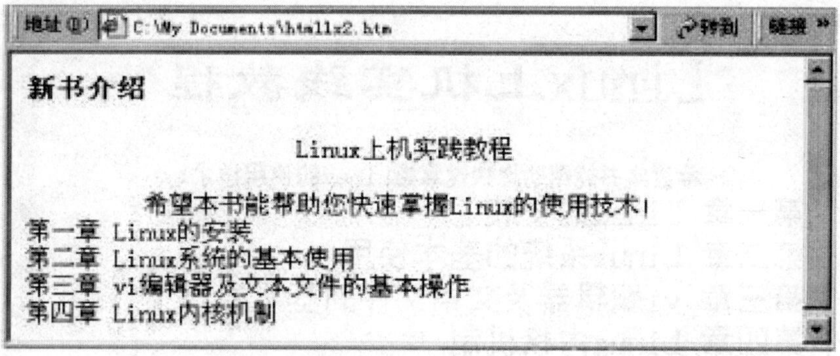

地址(⑪) C:\My Documents\html1x2.htm

新书介绍

Linux上机实践教程

希望本书能帮助您快速掌握Linux的使用技术!
第一章 Linux的安装
第二章 Linux系统的基本使用
第三章 vi编辑器及文本文件的基本操作
第四章 Linux内核机制

图 13-3

```html
<html>
  <head>
  <title>新书介绍</title>
  </head>
  <body>
  <h3> 新书介绍 </h1>
  <p align=" center" >Linux 上机实践教程</p>
  <center >希望本书能帮助您快速掌握 Linux 的使用技术！</
center>
  第一章 Linux 的安装<br>
  第二章 Linux 系统的基本使用<br>
  第三章 vi 编辑器及文本文件的基本操作<br>
  第四章 Linux 内核机制<br>
  </body>
  </html>
```

☝ **提示：**<p>是段落标记。浏览器每遇到一个<p>标记，就会将标记后的文字从新的一行开始显示，并且每个用<p>标记所形成的段落之间会自动空一行。<p>是成对标记，其中</p>可省略。

课堂笔记

是换行标记，属于非成对标记。

<center>是居中标记，用于将标记范围内的文字或图片居中放置。

示例3：标记文字格式（修改示例2中的阴影部分），效果如图13-4所示。

图13-4

<font face="隶书" size="6" color="blue">

<p align="center">Linux上机实践教程</p></font>

<font size="-1"><center>希望本书能帮助您快速掌握Linux的使用技术！</center></font>

<font size="+1">第一章 Linux的安装

第二章 Linux系统的基本使用

第三章 vi编辑器及文本文件的基本操作

第四章 Linux内核机制
</font>

♨ 提示：使用字体标记<font>可以设置文字的字体、大小和颜色，并且不会像<h1>~<h6>标题标记那样自动将字体加粗以及在文字上下空一行。<font>是成对标记，有三种属性：

face：用来设置文字所使用的字体，如face="楷体"。

size：用来设置文字的大小，属性值为1~7，预设为3。也可以使用相对大小设定，如size="+1"表示将字体大小往上升一级。

color属性：用来设置文字的颜色。可使用颜色的英文名称设置，例如black（黑色）、white（白色）、red（红色）、green（绿色）、blue（蓝色）和

182

cyan（青色）。

示例4：标记列表（修改示例3中的阴影部分），效果如图13-5所示。

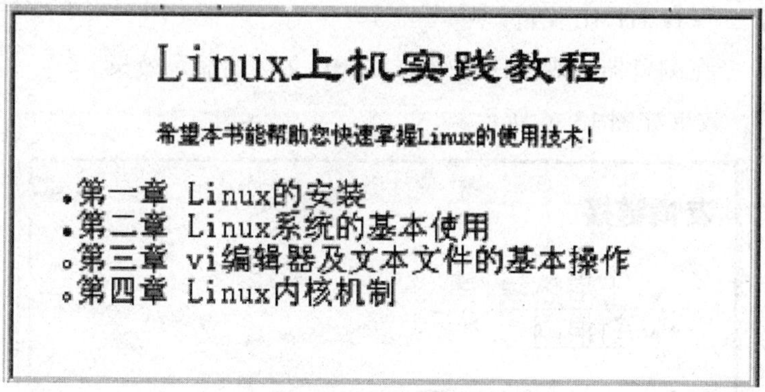

图 13-5

```
<font face=" 隶书" size=" 6" color=" blue" >
<p align=" center" >Linux 上机实践教程</p></font>
<font size=" -1" ><center>希望本书能帮助您快速掌握 Linux 的
使用技术！</center></font>
<ul>
<font size=" +1" >
<li>第一章 Linux 的安装<br>
<li>第二章 Linux 系统的基本使？ lt；<br>
<li type=" circle" >第三章 vi 编辑器及文本文件的基本操作<br>
<li type=" circle" >第四章 Linux 内核机制<br></font>
</ul>
```

🖑 **提示**：<ul>标记称为" 项目列表" 标记，是成对标记。在<ul>标记之间还可以使用<li>标记来设定项目内容。<li>标记中使用 type 属性，可以显示不同形状的项目符号：

不加 type 属性：项目符号显示为●（默认值）。

type=" circle"：项目符号显示为○。

type=" square"：项目符号显示为■。

三、链接标记的设置

步骤一 在文本文件编辑器中编写 HTML 文件（可参考下面的示例编写）。

步骤二 保存 HTML 文件。

步骤三 在浏览器中观察所编辑的 HTML 文件的显示效果。

示例：效果如图 13-6 所示。

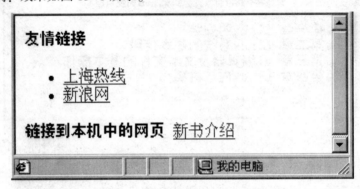

图 13-6

```
<html>
<head>
<title>使用超级链接</title>
</head>
<body>
<font face=" 黑体" >友情链接</font>
<ul>
<li><a href=" http: //www.online.sh.cn" >上海热线</a>
<li><a href=" http: //www.sina.com.cn" >新浪网</a>
</ul>
<font face=" 黑体" >链接到本机中的网页</font>
<a href=" html1x2.htm" >新书介绍</a>
</body>
</html>
```

👆 提示：当我们要在网页中制作"超级链接"时，必须使用成对标记<a>～</a>来完成链接工作。在<a>标记中，可以使用绝对网址或相对网址表示链接目标：

　　"绝对网址"是直接写出所链接的文件位于那个服务器中的网站内，主要用来链接其他网站的网页，例如 "<a href=" http：//www. online. sh. cn ">"（如果不指定文件名，表示链接到该路径下的首页）。

"相对网址"指出所链接的文件相对于目前网页所在的位置来表示，通常用来链接当前前网站中的其他网页，例如 "<a href=" htmllx2. htm ">"。

重点及注意事项

（1）除了记事本之外，可以用写字板或其它文本编辑软件来编辑 HTML 文件。

（2）用记事本等编辑器建立 HTML 文件时，一定要以 htm 或 html 为扩展名保存文件，否则在浏览器中不能正确显示预期的效果。

任务二　DreamWeaver 基本操作

任务描述

小齐在进一步学习网页制作之后，他利用 DreamWeaver 制作了一个个人网页，标题（文章标题）为小齐的个人主页，添加了一张自己的照片。填写了自己的 QQ 空间并连接到 http：//www. 000×××. com，其他信息自定义。

学习目标

（1）能够启动 DreamWeaver 网页编辑器；

（2）掌握网页的编辑、格式化及页面属性设置，掌握预览网页的方法保存网页；

（3）掌握超练级的设置。

任务准备

过去，设计制作网页的工作只能由一些专家来完成，因为在制作网页的过程中必须使用 HTML 语言，那许多的符号、规定，让不少人望而却步。Dreamweave 的推出，为初学者提供了制作网页的捷径，它无须使用者懂得 HTML 语言（当然了解一些更好），只要你会使用 Word，就会编写网页，并很快能学会制作出有一定专业水准的网页。

Dreamweave 是 Macromedia 最新开发的的 HTML 编辑器，用于对 Web 站点、Web 页和 Web 应用程序进行设计、编码和开发。Dreamweave 包含有一个崭新、简洁、高效的界面，且性能也得到了改进。此外，还包含了众多新增的功能，改善了软件的易用性并使您无论处于设计环境还是编码环境都可以方便地生成页面。

一、图　像

在网页中插入图像时，用得最多的图像格式是 GIF 和 JPEG，这两种图像格式都是压缩的，能够显著地减少对带宽的占用，因此比较适合于在 Internet 上传输。在第一次保存网页时，如果网页中有不是 GIF 或 JPEG 格式的图像，Dreamweave 编辑器则自动转化其格式：如果图像的颜色不超过 256 色，转换为 GIF 格式；否则转换为 JPEG 格式。

需要说明的是，网页中的图像并不与网页保存在同一个文件中，每个图像单独保存，这时因为 HTML 语言可以描述图像的位置、大小等属性，但不能直接描述图像上的像素。

二、超链接

超级链接表示两个对象之间的一种联系，既可以反映网页内部各个位置之间的联系，也可以反映网页之间的联系，它可以使访问者方便地从一个网页转移到另一个网页，或者从网页的一个位置转移到另一个位置，是有效组织网站中各种对象的纽带。

超级链接的外观可以是多种多样的，它的载体可以是文字，也可以是图像。通常文字形式超级链接的外观，其文字自动带有下划线；对于图像形式的超级链接，它通过将鼠标箭头改为手状来告诉访问者这是超级链接。

任务实施

一、熟悉 Dreamweaver 8 工作界面

启动 Dreamweaver 8 后，进入初始界面，如图 13-7，在起始页的"创建

新项目"列中单击第一项"HTML"，将会创建一个".html"格式的新文档，
并进入 Dreamweaver 8 工作界面　如图 13-8。

图 13-7　Dreamweaver 8 初始界面

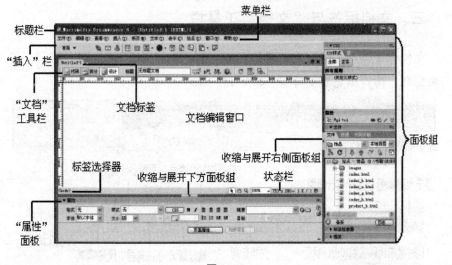

图 13-8

二、"插入"栏

"插入"栏包含各种类型的对象按钮（如图像、表格和层等），通过单击这些按钮，可将相应的对象插入到文档中，如图 13-9。

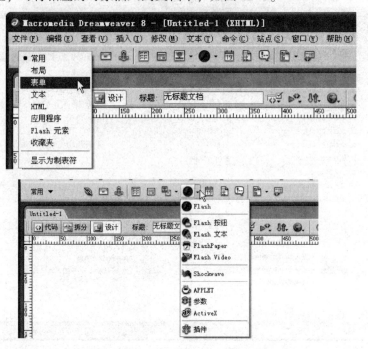

图 13-9 Dreamweaver 8 插入栏

三、文档标签与"文档"工具栏

文档标签显示了网页文档名称；"文档"工具栏用于切换网页视图，设置网页标题，检查浏览器支持等，如图 13-10。

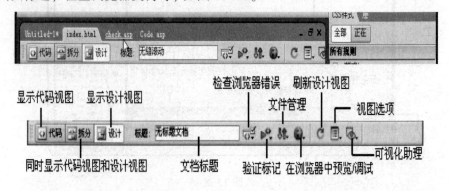

图 13-10 Dreamweaver 8 文档标签与"文档"工具栏

四、状态栏

状态栏位于文档编辑窗口底部，它提供了与当前文档相关的一些信息（如图 13-11）。

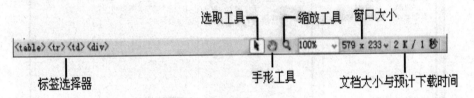

图 13-11　Dreamweaver 8 状态栏

五、属性面板与面板组

在 Dreamweaver 中，大多数操作都是通过面板实现的。"属性"面板位于文档窗口的下方，主要用于查看或编辑所选对象的属性。除"属性"面板外，Dreamweaver 8 还提供了众多面板，如"文件"面板、"历史记录"面板等。

如要打开或关闭某个面板，可单击"窗口"菜单下的相应选项。

六、网站创建与管理

为便于以后管理和维护网站，在开始创建网页之前，最好先确定站点的目录结构。它主要包括两项任务，一是在本地磁盘上创建用来保存网站内容（包括网页文件和图像、动画等）的文件夹，该文件夹被称为站点根文件夹；为便于管理站点中的内容，还要根据网站栏目结构图在站点文件夹中创建若干子文件夹，以存放不同类型的文件。

七、网页文档基本操作

（一）新建文档

Dreamweaver 中的文档也就是网页，创建新网页的方法有多种，下面使用"文件"菜单创建网页（如图 13-12）。

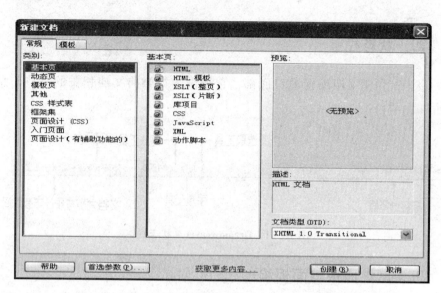

图 13-12

（二）保存文档

选择"文件" > "保存"菜单，弹出"另存为"对话框，如图 13-13。

图 13-13

（三）预览文档

对网页进行编辑或修改后，可在浏览器中预览其效果（如图13-14）。

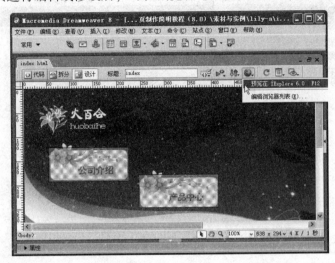

图13-14

（四）打开和关闭文档

如果要打开某站点中现有的网页文档，可以选择"文件" > "打开"菜单，在弹出的"打开"对话框中选择要打开的文件，然后单击"打开"按钮，如图13-15。

图13-15

关闭文件的操作相当简单，只需单击相应文件右上方的"关闭"按钮。

（五）网页文档与文件夹命名规则

为便于日后的维护和管理，网站中所有文件和文件夹的命名最好遵循一定的规则。首先，静态的首页文件一般命名为"index.html"或

191

"index.htm"。如果是包含程序代码的动态页面，比如 ASP 文件，则命名为"index.asp"。总之，后缀名与网页本身所使用的技术是对应的。

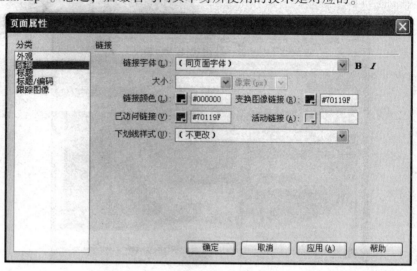

图 13-16

（六）为网页设置文本和链接属性，如图 13-16。

（七）基本页面属性设置

指定网页文档标题和边距

在浏览网页时，可以看到浏览器上端都会有表示网页特征或欢迎词之类的标题。另外，一般网页的上、下、左、右边距均为"0"，它们是如何设置的呢？下面以"lily"网站中的"index.html"为例，来看看具体设置方法，如图 13-17。

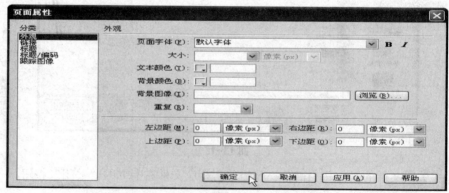

图 13-17

（八）指定网页背景颜色和背景图像

指定网页背景颜色的方法非常简单，只需在"页面属性"对话框中单击"背景颜色"后的颜色按钮，然后在弹出的调色板中单击选择相应颜色就可以了。如果用户喜欢的话，也可以将图像设置为网页背景（如图 13-18）。

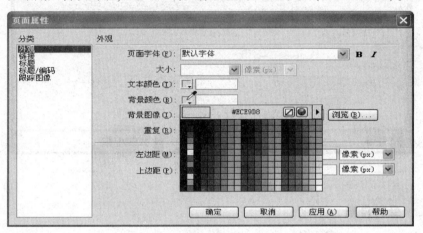

图 13-18

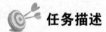 **重点及注意事项**

1. 为了便于管理，用户自己编辑的网页最好保存在一个固定的文件夹中。
2. 用户在编辑网页之后，通常要转到"预览"视图去预览网页的实际效果。预览完毕，要注意返回"普通"视图，否则无法编辑或修改网页。

任务三 Dreamweaver 表格使用

任务描述

制作细线表格 要求：在 Dreamweaver 中，有多种方法可以制作细线表格，下面一种最简单也是最常用的方法，就是通过设置表格的间距和背景颜色来制作细线表格（如图 13-19）。

课堂笔记

课堂笔记

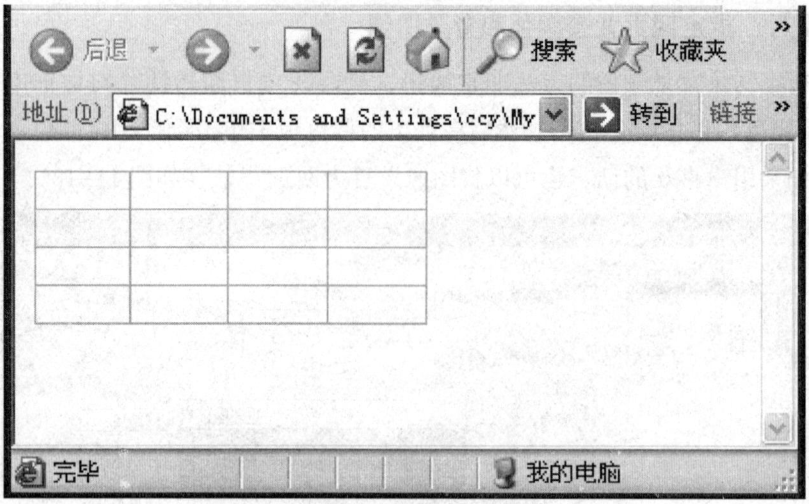

图 13-19

学习目标

（1）能够在网页中创建表格。

（2）掌握表格的编辑、格式化以及属性设置。

（3）了解用表格布局的技巧。

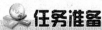

表格在网页制作中使用的频率非常高，可以帮助我们有序、整齐地组织网页上的信息。Dreamweaver 编辑器的表格功能很强，用户既可以直接插入表格，也可以自定义表格，甚至可以把网页上的文本转换为表格，将 Word 文档中的表格转换为网页上的表格。表格单元中不仅可以输入文字，也可以插入图片。

一、使用表格

所谓表格，就是由一个或多个单元格构成的集合，表格中横向的多个单元格称为行，垂直的多个单元格称为列。行与列的交叉区域称为单元格，网页中的元素通常都被放置在这些单元格中，以使其"各安其位"。

二、创建表格

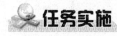任务实施

（一）创建表格

在 Dreamweaver 中创建表格的方法非常简单。确定插入点后，单击"常用"插入栏中的"表格"按钮，打开"表格"对话框，设置各项参数后，单击"确定"按钮，即可插入表格（如图 13-20）

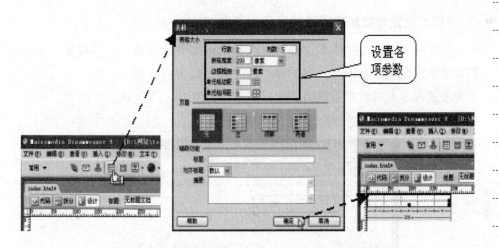

图 13-20　表格的参数

（二）选择表格和单元格

在 Dreamweaver 中选择表格的方法非常简单，只需用鼠标单击表格边框线即可。

要选择某个单元格，可首先将插入点放置在该单元格内，然后按【Ctrl+A】组合键或单击"标签选择器"中对应的"<td>"标签。

要选择某行或某列，可将光标置于该行左侧或该列顶部，当光标形状变为黑色箭头或 时单击鼠标。

（三）设置表格和单元格的属性

选中表格后，使用属性面板可以修改表格的行、列、宽、高，以及填充、间距等，如图 13-21。

图 13-21 表格面板 1

在单元格中单击，属性面板中将显示相应单元格的属性，如图 13-22。

图 13-22　表格面板 2

（四）设置表格和单元格的宽度与高度

制作网页时，很多情况下都需要改变表格和单元格的宽度与高度，通过拖动边框或在属性面板的"宽"和"高"文本框中直接输入数值，就可以非常方便地改变表格和单元格的宽度与高度，如图 13-23 设置表格高度、如图 13-24 设置单元格的宽和高。

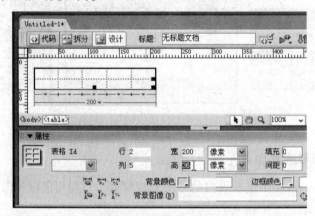

图 13-23　表格高度

图 13-24 单元格的宽和高

（五）为表格和单元格设置背景颜色及背景图像的方法相当简单。

（六）合并单元格

所谓合并单元格，就是将相邻的几个单元格合并成一个单元格，拖动鼠标选中要合并的单元格，单击"合并所选单元格，使用跨度"按钮，如图13－25。

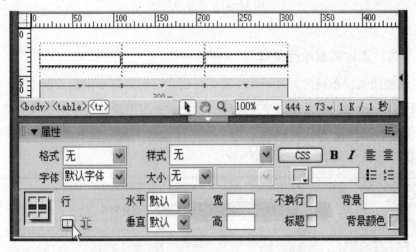

图13-25 合并单元格

（七）拆分单元格

拆分单元格表示将一个单元格拆分成多个单元格，下面继续在前面的文档中操作，也就是将前面合并的单元格拆分开来，具体操作如下：打开"拆分单元格"对话框，设置各项参数后单击"确定"按钮，如图13－26、13－27。

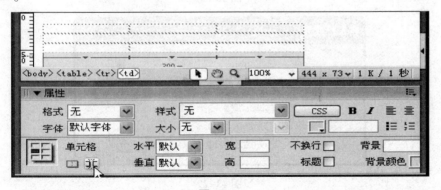

图13-26

197

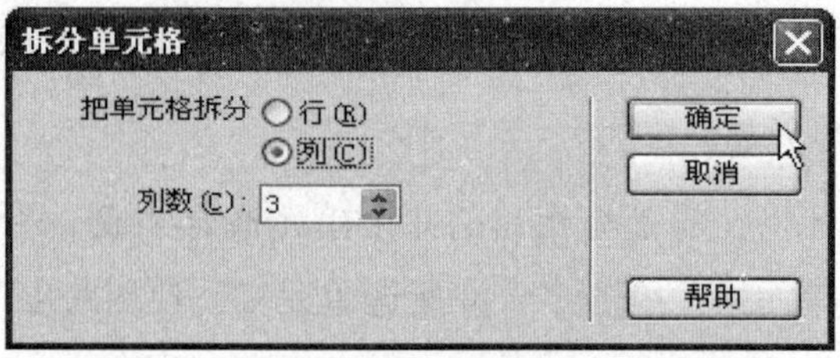

图 13-27　拆分单元格

（八）添加或删除行和列

在使用表格布局网页时，往往需要在创建好的表格中添加或删除行和列，在要添加行或列的单元格中单击鼠标右键，在弹出的快捷菜单中选择"表格" > "插入行或列"菜单，在打开的"插入行或列"对话框中设置各项后单击"确定"按钮，如图 13-28、13-29。

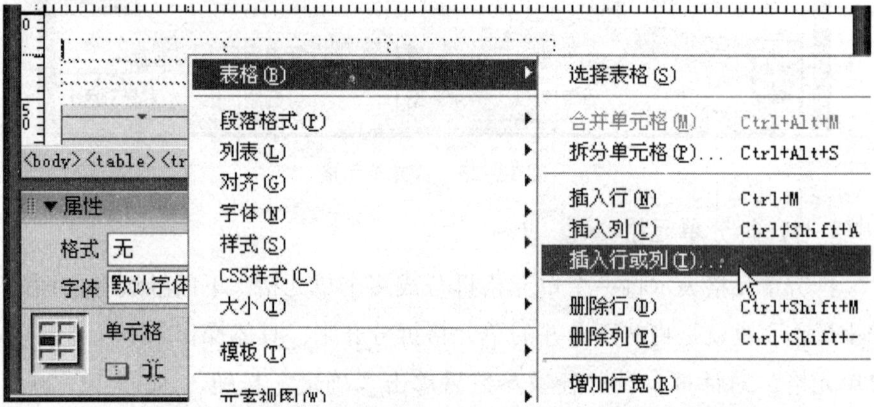

图 13-28

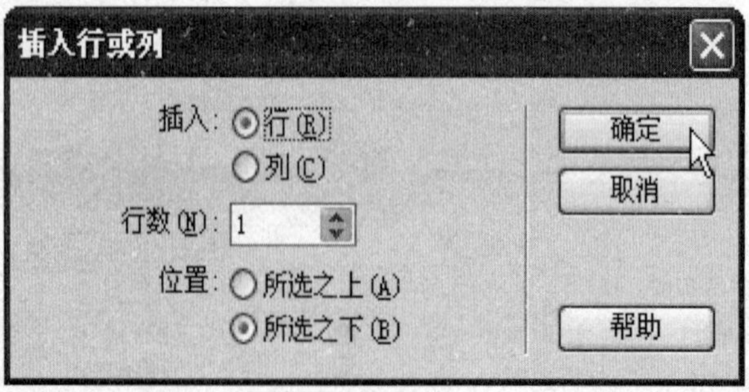

图 13-29

（九）格式化表格

在使用表格显示数据信息时，为便于浏览者阅读，往往需要为单元格设置不同的背景颜色。常用的方法如下：选中表格后，选择"命令" > "格式化表格"菜单，在"格式化表格"对话框中设置各项后，单击"确定"按钮，如图 13-30、13-31。

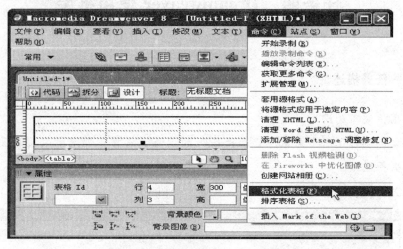

图 13-30

图 13-31

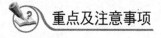重点及注意事项

　　如果要删除表格内部的框线，只需单击表格工具栏上的 按钮（鼠标自动变成橡皮擦形状），然后按住鼠标器左键，横向或纵向擦除表格中的线条。但是，该工具只能擦除表格内部的框线，而不能擦除表格的外框线。

课堂笔记

任务四　Dreamweaver 使用框架

任务描述

用框架布局网页

该例制作了一个名为"娱乐天地"的网页，它首先利用框架将页面划分成了若干区域。

另外，在局部布局中也用到了表格，如图 13-32。

图 13-32

学习目标

（1）掌握框架网页的创建。

（2）掌握框架的保存方法、编辑以及属性设置。

 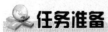 任务准备

在框架网页中，浏览器窗口被划分成了若干区域，每个区域称为一个框架。每个框架可显示不同的文档内容，彼此之间互不干扰。

框架网页由框架集定义，框架集是特殊的 HTML 文件，它定义一组框架

的布局和属性，包括框架的数目、大小和位置，以及在每个框架中初始显示的页面 URL。

任务实施

（一）创建框架集

用户可以直接创建框架集，也可以在普通页面中加载预定义的框架集。其中，直接创建框架集的方法与创建普通页面的方法相似。选择"文件">"新建"菜单，打开"新建文档"对话框，在"类别"列表中选择"框架集"选项，右侧将显示系统预定义的框架集类型，选择其中一种，然后单击"创建"按钮，如图 13-33、图 13-34。

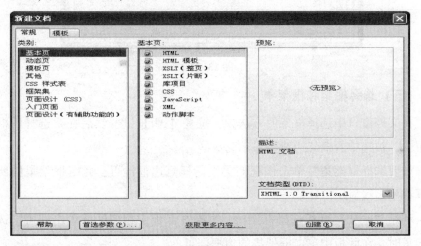

图 13-33

图 13-34

（二）认识"框架"面板

利用"框架"面板可以对框架和框架集进行操作，选择"窗口">"框架"菜单，可以打开"框架"面板。如图13-35。

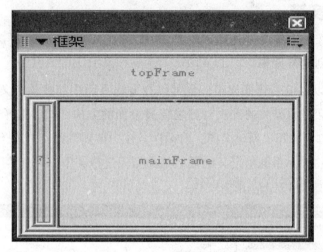

图 13-35

（三）选择框架和框架集

在文档窗口中选择框架的方法为，按住【Alt】键，然后在要选择的框架内单击，被选中的框架边线将显示为虚线。

如要选择框架集，单击该框架集上的任意边框即可，此时框架集的所有边框都呈虚线显示。

利用"框架"面板选择框架时，直接在面板中相应区域单击即可。选择框架集时，在面板中单击框架集的边框即可。

（四）框架和框架集的属性设置

第一步：设置框架属性。选中框架后，"属性"面板上将显示相应框架的属性（如图13-36）。

图 13-36

第二步：设置框架集属性。选中框架集，属性面板中将显示框架集的属性。该面板中各参数的含义同框架属性面板基本相同，不同的是在"行"或"列"文本框中可设置框架的行高或列宽，在"单位"下拉列表框中可选择

202

具体单位，如图 13-37。

图 13-37

第三步：保存框架和框架集。

（1）保存框架。

（2）保存框架集。

（3）保存框架集中的所有文档。

⬚ 重点及注意事项

（1）一个网页上的框架最好不要超过 4 个，否则，将会显著增加网页下载的时间。

（2）与保存普通的网页相比，保存框架有两种方法：其一，使用"文件"菜单下的"保存"，或直接单击工具栏上的保存按钮，这种方法将保存整个框架页以及每个框架中的网页；其二，使用"框架"菜单下的"保存页面"，这种方法只保存当前所选框架中的网页。

⬚ 提示：框架网页有五种视图方式，比普通网页多了以下两种视图方式。

（1）不支持框架：当访问者试图打开某个框架网页时，若其使用的浏览器不支持框架，那么浏览器中将显示这样一句话"This page uses frames, but your browser doesn't support them."。若要改变上述提示信息，可以切换到"不支持框架"视图进行修改。

（2）框架页 HTML：切换到该视图，可显示整个框架的 HTML 代码。而切换到 HTML 视图，只能看到当前框架初始网页的 HTML 代码。

任务五　Dreamweavere 的 CSS 操作

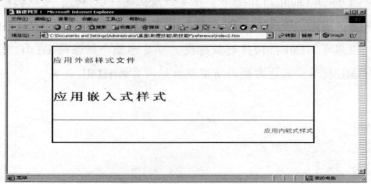 任务描述

制作一个如下图所示的网页，并按照要求将此文件保存为 index2.htm，提交作为答案。要求：

（1）新建一个普通网页，并插入一个 3×1（即 3 行 1 列）的表格。该表格的属性为：宽 600 个像素，高 300 个像素，对齐方式为水平居中；边框粗细为 3 个像素，颜色为#800000；单元格边距及单元格间距均为 0 个像素。

（2）分别在 3 个单元格中输入如图所示的文字，水平和垂直都居中显示，字号为 12 磅。

（3）建立一个名为 style1.css 的外部样式文件。要求该 CSS 样式单文件必须指定以下内容：样式选择符（器）的名称为 style1，字体为黑体，字体颜色为#FF00FF，字体大小为 16 磅；对齐方式为左对齐；字符间距为 3 个像素。并将该外部 CSS 样式用于文字"应用外部样式文件"部分。

（4）然后，再创建一个嵌入式 CSS 样式，其样式选择符（器）的名称为 style2，字体为宋体，加粗，字体颜色为#800000，字体大小为 24 磅；对齐方式为左对齐；字符间距为 5 个像素。并将该嵌入式 CSS 样式单运用于文字"应用嵌入式样式"上。

（5）对第三行单元格中的文字建立一个内联式样式，文字属性为：颜色#FF0000，楷体，右对齐。如图 13-38。

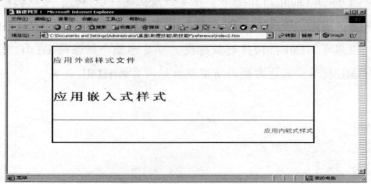

图 13-38

学习目标

（1）理解 CSS 的基本概念、功能、意义；

（2）了解 CSS 的结构和定义方法；

（3）了解 CSS 中的布局属性、文本属性、颜色及背景属性、字体属性、列表属性的定义方法；

（4）能够建立基本的 CSS，依据要求修改已有的 CSS；

（5）熟练掌握在 HTMDreamweaverL 中调用 CSS 的方法。

任务准备

一、概述

层叠样式表（CSS）是一系列格式设置规则，它们控制 Web 页面内容的外观。使用 CSS 设置页面格式时，内容与表现形式是相互分开的。页面内容（HTML 代码）位于自身的 HTML 文件中，而定义代码表现形式的 CSS 规则位于另一个文件（外部样式表）或 HTML 文档的另一部分（通常为 部分）中。使用 CSS 可以非常灵活并更好地控制页面的外观，从精确的布局定位到特定的字体和样式等。

CSS 使您可以控制许多仅使用 HTML 无法控制的属性。例如，您可以为所选文本指定不同的字体大小和单位（像素、磅值等）。通过使用 CSS 从而以像素为单位设置字体大小，还可以确保在多个浏览器中以更一致的方式处理页面布局和外观。

CSS 格式设置规则由两部分组成：选择器和声明。选择器是标识已设置格式元素（如 P、H1、类名称或 ID）的术语，而声明则用于定义样式元素。在下面的示例中，H1 是选择器，介于大括号（ ｛｝ ）之间的所有内容都是声明：

以下为引用的内容：

H1 ｛

font-size：16 pixels；

font-family：Helvetica；

font-weight：bold；

｝

声明由两部分组成：属性（如 font-family）和值（如 Helvetica）。上述示例为 H1 标签创建了样式：链接到此样式的所有 H1 标签的文本都将是 16 像素大小并使用 Helvetica 字体和粗体。

术语"层叠"是指对同一个元素或 Web 页面应用多个样式的能力。例如，可以创建一个 CSS 规则来应用颜色，创建另一个规则来应用边距，然后将两者应用于一个页面中的同一文本。所定义的样式"层叠"到您的 Web 页面上的元素，并最终创建您想要的设计。

CSS 的主要优点是容易更新；只要对一处 CSS 规则进行更新，则使用该定义样式的所有文档的格式都会自动更新为新样式。

在 Dreamweaver 中可以定义以下规则类型：

自定义 CSS 规则（也称为"类样式"）使您可以将样式属性应用到任何文本范围或文本块。所有类样式均以句点（.）开头。例如，您可以创建称为 .red 的类样式，设置规则的 color 属性为红色，然后将该样式应用到一部分已定义样式的段落文本中。

HTML 标签规则重定义特定标签（如 p 或 h1）的格式。创建或更改 h1 标签的 CSS 规则时，所有用 h1 标签设置了格式的文本都会立即更新。

CSS 选择器规则（高级样式）重定义特定元素组合的格式，或其它 CSS 允许的选择器形式的格式（例如，每当 h2 标题出现在表格单元格内时，就应用选择器 td h2）。高级样式还可以重定义包含特定 id 属性的标签的格式（例如，由 #myStyle 定义的样式可以应用到所有包创建新的样式表

首先，您将创建包含 CSS 规则（定义段落文本样式）的外部样式表。在外部样式表中创建样式时，可以在一个中央位置同时控制多个 Web 页面的外观，而不需要为每个 Web 页面分别设置样式。

CSS 规则可以位于以下位置：

外部 CSS 样式表是存储在一个单独的外部 .css 文件（并非 HTML 文件）中的一系列 CSS 规则。利用文档 head 部分中的链接，该 .css 文件被链接到 Web 站点中的一个或多个页面。

内部（或嵌入式）CSS 样式表是包含在 HTML 文档 head 部分的 style 标签内的一系列 CSS 规则。例如，下面的示例为已设置段落标签的文档中的所有文本定义字体大小：

```
: <head>
<style>
p {
```

```
font-size: 80px
}
</style>
</head>:
```

内联样式是在 HTML 文档中的特定标签实例中定义的。例如，

《p style＝"font-size：9px"》

仅对用含有内联样式的标签设置了格式的段落定义字体大小。

Dreamweaver 会呈现您所应用的大多数样式属性并在"文档"窗口中显示它们。您也可以在浏览器窗口中预览文档以查看样式的应用情况。有些 CSS 样式属性在 Microsoft Internet Explorer、Netscape Navigator、Opera 和 Apple Safari 中呈现的外观不相同。

选择"文件"＞"新建"。

在"新建文档"对话框中的"类别"列中选择"基本页"，在"基本页"列中选择"CSS"，然后单击"创建"（如图 13-39）。

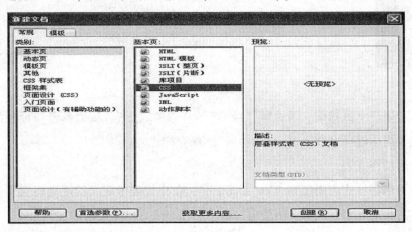

图 13-39

空白样式表将出现在"文档"窗口中。"设计"视图和"代码"视图按钮已被禁用。CSS 样式表是纯文本文件，其内容将不会用于在浏览器中查看。

将该页保存（"文件"＞"保存"）为 cafe_ townsend. css。

保存样式表时，请确保将其保存到 cafe_ townsend folder 文件夹（您的 Web 站点的根文件夹）中。

在样式表中键入以下代码：

```
p {
    font-family: Verdana, sans-serif;
    font-size: 11px;
```

```
color: #000000;
line-height: 18px;
padding: 3px;
}
```

当您键入代码时，Dreamweaver 将使用代码提示为您建议一些选项，以帮您完成输入。当看到希望 Dreamweaver 为您完成键入的代码时，请按 Enter 键（Windows）或 Return 键（Macintosh）。

不要忘记在每行结尾处的属性值后面加上一个分号。

完成后的代码类似于下面的示例图 13-40。

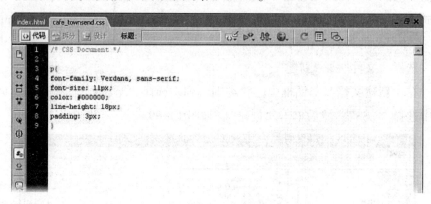

图 13-40

若要显示该指南，请选择"帮助">"参考"，然后从"参考"面板的弹出式菜单中选择"O'Reilly CSS 参考"。保存样式表。

附加样式表

当您将样式表附加到 Web 页面中时，在样式表中定义的规则将应用到页面上的相应元素。例如，当您将 cafe_ townsend. css 样式表附加到 index. html 页时，将根据您定义的 CSS 规则设置所有段落文本（用 HTML 代码中的标签设置格式的文本）的格式。

在"文档"窗口中，打开 Cafe Townsend 的 index. html 文件（如果该文件已打开，则请单击它的选项卡）。

选择在教程：向页面添加内容中粘贴到页面中的第一段文本（如图 13-41）。

在"属性"检查器中查看，并确保使用段落标签设置了该段落的格式。

如果"属性"检查器中的"格式"弹出式.菜单显示"段落"，则已使用段落标签设置了段落的格式。如果"属性"检查器中的"格式"弹出式菜单显示"无"或其他内容，则选择"段落"来设置段落的格式。对第二段重复第 3 步（如图 13-42）。

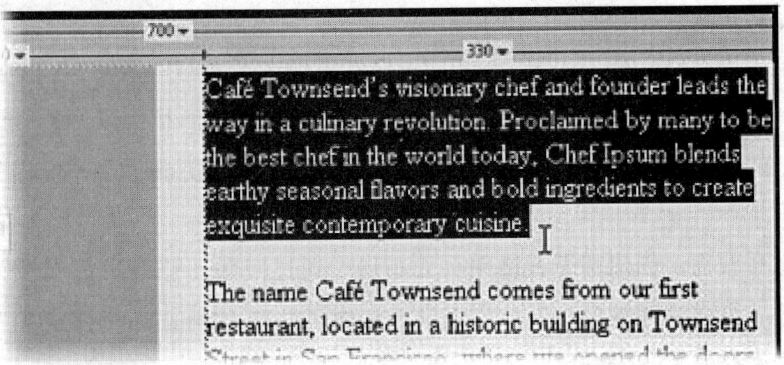

课堂笔记

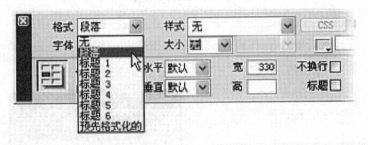

图 13-41

图 13-42

在"CSS 样式"面板（"窗口">"CSS 样式"）中，单击位于面板右下角的"附加样式表"按钮。

在"附加外部样式表"对话框中，单击"浏览"并浏览到上一节创建的 cafe_ townsend. css 文件。

单击"确定"。

"文档"窗口中的文本将根据外部样式表中的 CSS 规则来设置格式。

研究"CSS 样式"面板

"CSS 样式"面板可让您跟踪影响当前所选页面元素的 CSS 规则和属性，或影响整个文档的规则和属性，还可以在不打开外部样式表的情况下修改 CSS 属性。

请确保 index. html 页在"文档"窗口中打开。

在"CSS 样式"面板（"窗口">"CSS 样式"）中，单击面板顶部的"所有"，然后检查您的 CSS 规则。

在"所有"模式下，CSS 面板向您显示应用到当前文档的所有 CSS 规则，不管这些规则是在外部样式表中，还是在自身文档中。您应在"所有规则"窗格中看到两个主要类别：一个 标签类别和一个 cafe_ townsend. css 类别。

若未展开标签类别，则请单击加号（+）展开该类别。

单击正文规则。

值为 #000000 的 background-color 属性出现在下面的"属性"窗格中，如图 13-43 注意您可能需要折叠其它面板，如"文件"面板，以便看到完整的"CSS 样式"面板，还可以通过拖动窗格之间的边界来更改"CSS 样式"面板的长度。

您在教程：创建基于表格的页面布局中通过使用"修改页面属性"对话框设置了页面的背景色。以此方式设置页面属性时，Dreamweaver 会编写一个内置于文档的 CSS 样式。

单击加号（+）展开 cafe_townsend.css 类别。

单击 p 规则。

在外部样式表中为 p 规则定义的所有属性和值将显示在下面的"属性"窗格中（如图 13-44）。

图 13-43

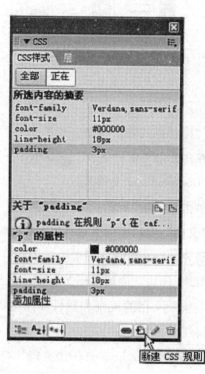

图 13-44

在"文档"窗口中，在刚设置格式的两个段落中的任何位置单击一次

在"CSS 样式"面板中，单击面板顶部的"当前"，然后检查您的 CSS 样式。在"当前"模式中，CSS 面板向您显示当前所选内容的属性的摘要。显示的属性与外部样式表中 p 规则的属性相对应。

在下一节中，您将使用"CSS 样式"面板创建新规则。使用"CSS 样式"面板创建新规则比手动键入规则容易得多，后者如同最初创建外部样式表时的操作一样。

创建新的 CSS 规则

在本节中，您将使用"CSS 样式"面板创建自定义的 CSS 规则或类样式。类样式使您可以设置任何范围或文本块的样式属性，并可以应用到任何 HTML 标签。有关不同类型的 CSS 规则的更多信息，请参见了解 CSS。

在"CSS 样式"面板中，单击面板右下角的"新建 CSS 规则"。

在"新建 CSS 规则"对话框中，从"选择器类型"选项中选择"类"。该选项应该是默认选中的。

在"名称"文本框中输入 .bold。

确保在单词"bold"前键入句点（.）。所有类样式必须以句点开头。

在"定义在"弹出式菜单中，选择 cafe_ townsend.css。该文件应该是默认选中的，单击"确定"（如图 13-45）。

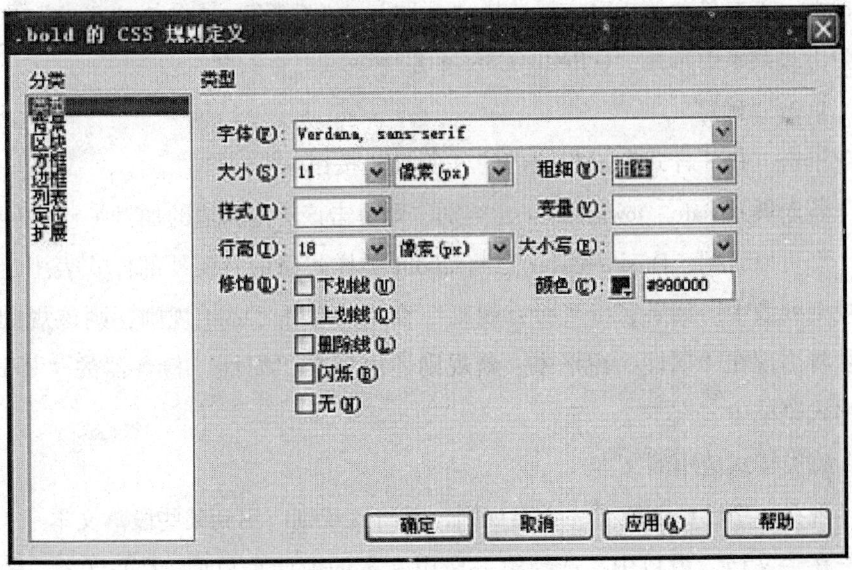

图 13-45

出现"CSS 规则定义"对话框，表示您正在 cafe_ townsend.css 文件中创建一个称为 .bold 的类样式。

在"CSS 规则定义"对话框中，执行下面的操作：

在"字体"文本框中，输入 Verdana, sans-serif。

在"大小"文本框中，输入 11，并在紧靠其右的弹出式菜单中选择像素。

在"行高"文本框中，输入 18，并在紧靠其右的弹出式菜单中选择像素。

从"粗细"弹出式菜单中选择"粗体"。

在"颜色"文本框中，输入 #990000（如图 13-46）。

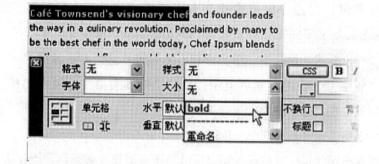

图 13-46

提示有关 CSS 属性的更多信息，请参见 Dreamweaver 中包含的 O'Reilly 参考指南。若要显示该指南，请选择"帮助" > "参考"，然后从"参考"面板的弹出式菜单中选择"O'Reilly CSS 参考"。

单击"确定"。

单击"CSS 样式"面板顶部的"所有"按钮。

若未展开 cafe_ townsend. css 类别，则单击该类别旁边的加号（+）按钮。

您可以看到，Dreamweaver 已将 .bold 类样式添加到在外部样式表中定义的规则列表中。如果您在"所有规则"窗格中单击 .bold 规则，则该规则的属性将出现在"属性"窗格中。新规则还出现在"属性"检查器的"样式"弹出式菜单中。

将类样式应用到文本

现在，您已经创建了一个类规则，并将该规则应用到某些段落文本。

在"文档"窗口中，选择第一段中文本的前四个单词：Cafe Townsend's visionary chef。

在"属性"检查器（"窗口" > "属性"）中，从"样式"弹出式菜单中选择"bold"，"粗体"类样式将应用到您的文本。如图 13-47。

课堂笔记

Café Townsend's visionary chef and founder leads the way in a culinary revolution. Proclaimed by many to be the best chef in the world today, Chef Ipsum blends earthy seasonal flavors and bold ingredients to create exquisite contemporary cuisine.
The name Café Townsend comes from our first restaurant, located in a historic building on Townsend Street in San Francisco, where we opened the doors in 1992. We've replicated the elegant interior, exceptional service, and world class cuisine in our restaurants around the country.

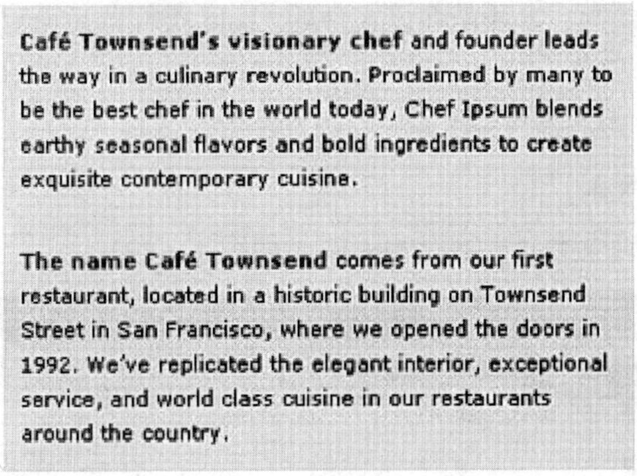

图 13-47

重复第 2 步，将“粗体”类样式应用到第二段的前四个单词，保存页面。如图 13-48。

index.htm*
caft_townsend.css*
代码
拆分
设计
标题:
/* CSS Documnet */
p{
font-family: Verdana, sans-serif;
font-size: 11px;
color: #000000;
line-height: 18px;
padding: 3px;
}
.blod {
font-family: Verdana, sans-serif;
font-size: 11px;
line-height: 18px;
font-weight: bold;
color: #990000;
}
.navigation {
}

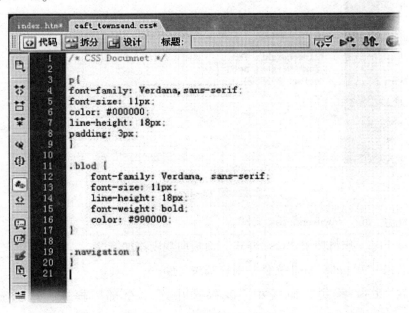

图 13-48

设置导航条文本的格式

接下来，您将使用 CSS 将样式应用到导航条的链接文本。许多 Web 页面使用内含文本的彩色矩形图像来创建导航条。但是，如果使用 CSS，您所需要设置的只是链接文本和一些格式。通过使用 display：block 属性并设置块的宽度，您可以有效地创建矩形，而不需要另外使用图像。

为导航创建新规则

若未打开 cafe_ townsend. css 文件，则打开该文件，或单击其选项卡来显示该文件。

定义一个新规则，方法是在该文件的 .bold 类样式后面键入以下代码：

```
.navigation {

}
```

这是一个空规则。

文件中的代码应类似于下面的示例（如图 13-49）。

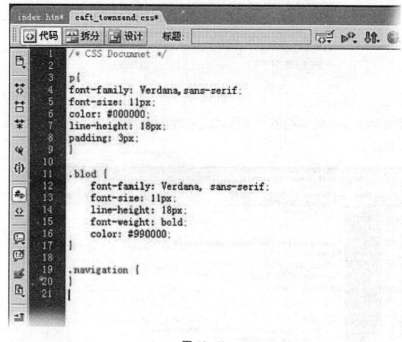

图 13-49

保存 cafe_ townsend. css 文件。

接下来，您将使用"CSS 样式"面板向规则添加属性。

若未打开 index. html 文件，则打开该文件。

在"CSS 样式"面板中，确保选中了"全部"模式，选择新的 .navigation 规则，然后单击面板右下角的"编辑样式"（如图 13-50）。

在"CSS 规则定义"对话框中，执行下面的操作：

在"字体"文本框中，输入 Verdana, sans-serif。

从"大小"弹出式菜单中选择 16，然后从紧靠其右的弹出式菜单中选择像素。

从"样式"弹出式菜单中选择"正常"。

从"修饰"列表中选择"无"。

从"粗细"弹出式菜单中选择"粗体"。

在"颜色"文本框中，输入 #FFFFFF。

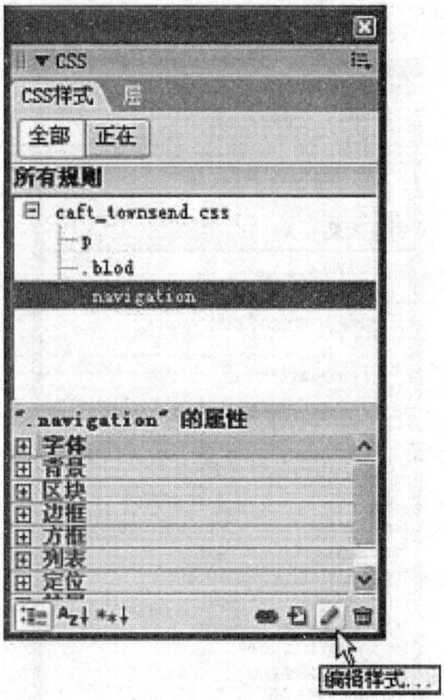

图 13-50

若要显示该指南，请选择"帮助">"参考"，然后从"参考"面板的弹出式菜单中选择"O'Reilly CSS 参考"。单击"确定"（如图 13-51）。

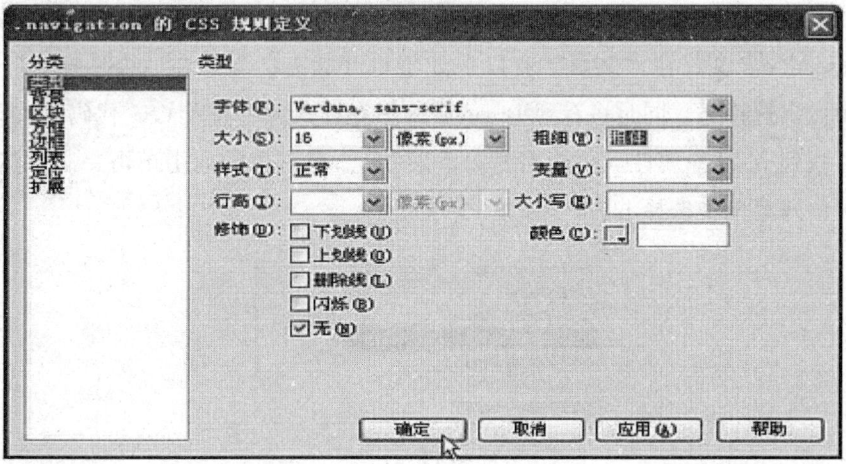

图 13-51

列表视图可使"属性"窗格按字母顺序显示所有可用属性（与"设置属性"视图不同，"设置属性"视图只显示已设置的属性）。

单击 background-color 属性右边的列。

若要查看属性的完整内容，请将鼠标指针停留在该属性上。

输入十六进制值 #993300，然后按 Enter 键（Windows）或 Return 键

课堂笔记

（Macintosh）（如图 13-52）。

图 13-52

提示若要查看您的工作对外部样式表的影响，请在您工作时保持 cafe_ townsend. css 文件在"文档"窗口中处于打开状态。当您在"CSS 样式"面板中做出选择时，同时将看到 Dreamweaver 在样式表中写入 CSS 代码。

找到 display 属性（可能需要向下滚动），在右边的列中单击一次，然后从弹出式菜单中选择 block（如图 13-53）。

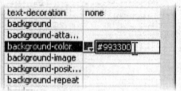

图 13-53

找到 padding 属性，在右边的列中单击一次，输入值 8px，然后按 Enter 键（Windows）或 Return 键（Macintosh）。

找到 width 属性，在右边的列中单击一次，在第一个文本框中输入 140，从弹出式菜单中选择像素，然后按 Enter 键（Windows）或 Return 键（Macintosh）。

单击"显示设置属性"，以便在"属性"窗格中仅显示您设置的属性。如图 13-54。

图 13-54

单击 cafe_ townsend. css 文件以显示该文件。您将看到，Dreamweaver 已经将您指定的所有属性添加到该文件中。

保存并关闭 cafe_ townsend. css 文件。

🌐 任务实施

一、把一个网页的文字变成好看的 12 象素（px）大小

（1）打开一个网页文档（如图 13-55）》

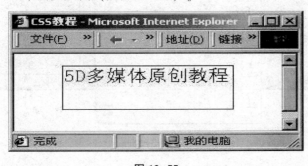

图 13-55

（2）打开样式面板，点击"新建 CSS 样式"按钮（如图 13-56）。

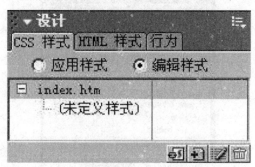

图 13-56

在"类型"中，选择"重定义 HTML"标签（如图 13-57）。

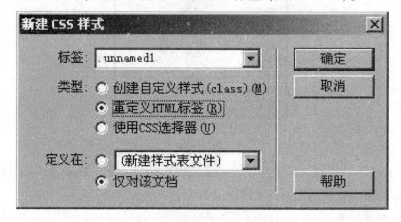

图 13-57

选择 td 标签。Td 标签代表单元格（如图 13-58）。

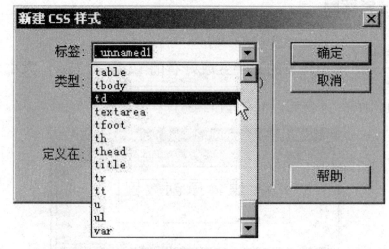

图 13-58

选择分类中的"类型"（如图 13-59）。

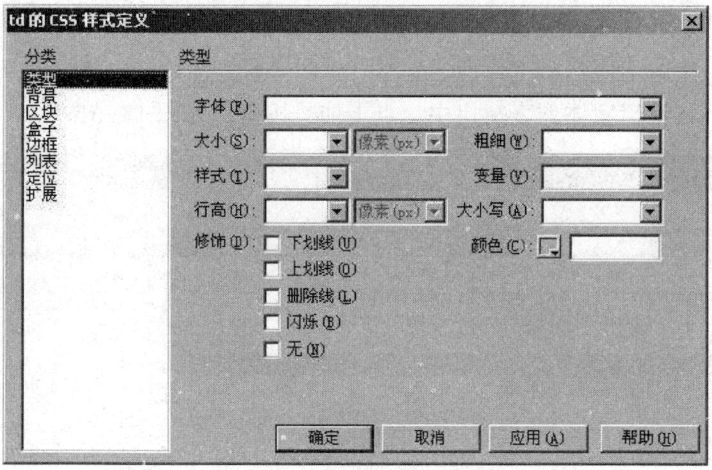

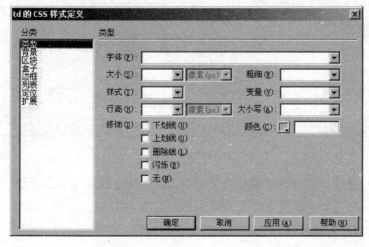

图 13-59

（3）设置字体：选择字体，如果没有需要的字体，可以编辑字体列表。

大小：设置字体大小，好看的中文字大小有 12 象素（px）和 9 点数（pt）两种，两者效果差不多。

行高：行高是一行文字与另一行文字之间的距离，为了方便阅读，行高设置大点吧。可以设置在 15 像素到 25 像素之间。实例中使用 20 像素。

修饰：对于普通文本，选择无。对于链接，可以选择下划线，上划线加下划线，无等几种。

颜色：黑色最适合阅读，其次就是灰色，白色。链接默认的蓝色，颜色太深，如果整个页面都是链接，使用蓝色根本起不到分辨的作用，并且十分难看。建议页面不要使用默认的蓝色（如 13-60）。

图 13-60

按"确定"按钮后，一个应用了 CSS 的网页就做好了
编辑字体列表。

（1）单击字体栏的下拉箭头，打开编辑字体列表。

（2）在编辑字体列表窗口中，点击加号按钮。如图 13-61

图 13-61

（3）选择一种字体，如宋体，按左箭头按钮（如图 13-62）。

图 13-62

（4）继续添加字体，选择一种字体，如 Arial，按箭头按钮添加。

说明：一个字体列表中有多种字体，比如"方正，宋体，黑体，华文中
宋"，访问者电脑从最开头的方正字体开始执行，如果没有对应的方正字体，
就执行宋体，没有宋体，就执行黑体，如果列表中的字体都没有，就用系统

默认的字体替代（如图 13-63）。

课堂笔记

图 13-63

可以重复以上的步骤，添加其它组合的字体。

重定义 body 标签，使表格之外的内容应用样式。如果在一个网页中，在表格之外还有内容，就需要定义 body 标签。

（1）定义了单元格而没有定义 body 的网页。

（2）选择重定义"body"标签。按照第一部分的方法，定义"body"标签（图 13-64）。

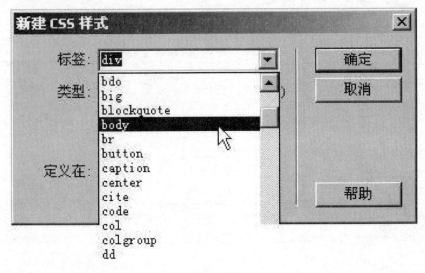

图 13-64

（3）定义了 body 的网页（图 13-65）。

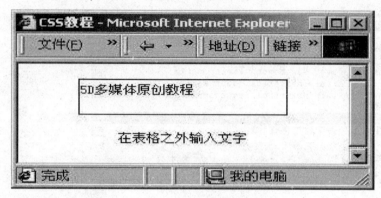

图 13-65

重点及注意事项

（1）选择器的名称不要添加"."，计算机将会自动添加；

（2）选择器的名称和样式表的名称是不同的，不能混淆了。

附录：电子商务师国家职业资格认证培训专用实验室软件

简介

"电子商务师国家职业资格认证鉴定考试专用实验室"是考试机构专用的实验室版本。面向的用户是考试机构的工作人员以及参加考试的学生，主要用于与"电子商务师国家职业资格认证实验室技术支持专用工具包"进行数据交换以及用于正式的电子商务师考试。对于考试机构的工作人员用户，该版本仅提供了测试任务包或考试任务包的安装以及考试结果回收等功能；对于学生用户，则会根据已安装的考试任务包中具体的任务设置情况，开放相应的实验室功能。

系统安装

硬件运行环境

服务器一台：P4 1G/10.3G/512M 以上配置

（如规模较大的实验教学网络，建议分设 www 服务器，数据库服务器各一台）

软件环境要求：

服务器操作系统：- windows 2000 Server 以上版本

数据库服务器：SQL Server 2000

网络环境

本软件可以单机运行。

网络环境：互联的局域网、广域网络或者对等网。

安装过程

软件安装光盘放入计算机的光驱内，系统自动运行安装程序，如系统不支持光盘自动播放，则找到光盘中的 setup 安装文件，并运行它，如附图 1-1 所示：

图 1-1

系统自动安装，点击【下一步】按钮，进入阅读许可证协议页面如附图 1-2；

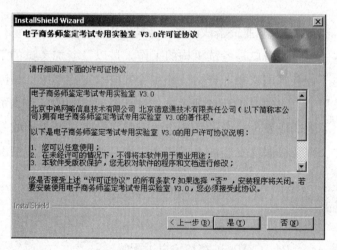

附图 1-2

请仔细阅读许可证协议，同意并接受协议的全部内容，然后单击【是】按钮，进入下一步。如附图 1-3 所示：

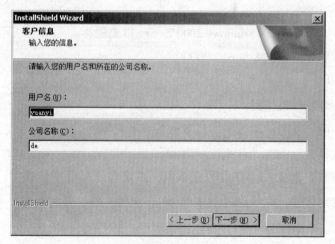

附图 1-3

（1）请填写用户名、公司名称，然后点击【下一步】按钮，进入如附图 1-4 页面：

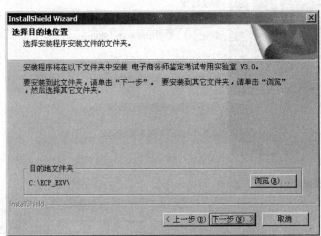

附图 1-4

点击【浏览】按钮，选择软件安装的目的路径，然后点击【下一步】。

（2）如果选择默认的程序文件夹，然后点击【下一步】按钮，开始拷贝程序。

（3）程序拷贝完成后，进入数据库配置页面（如附图 1-5 所示）：

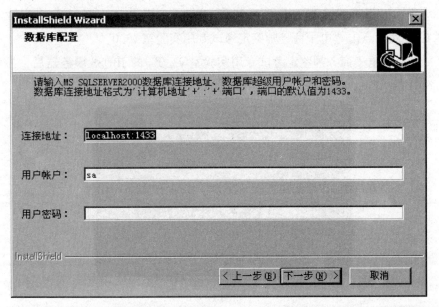

附图 1-5

（4）请输入数据库服务器的 IP 地址和端口号（默认为 1433），登录数据库服务器的用户账号和用户密码（SQL SERVER 2000 的管理员默认用户账号是 sa），然后点击【下一步】按钮，显示如附图（1-6）所示页面：

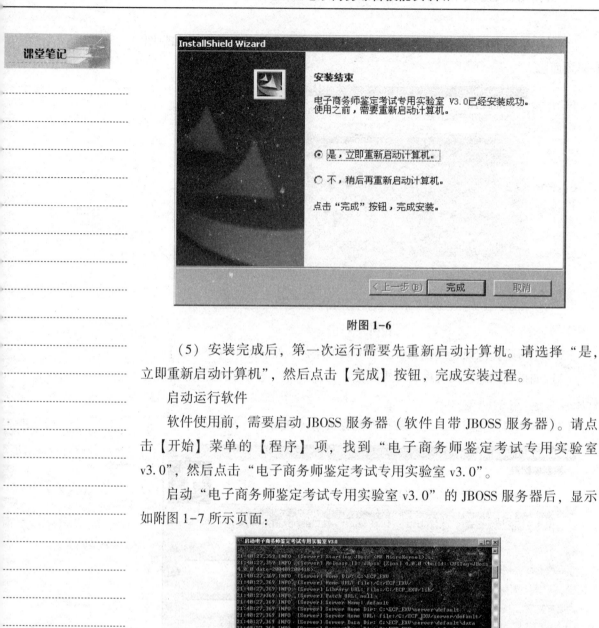

附图 1-6

（5）安装完成后，第一次运行需要先重新启动计算机。请选择"是，立即重新启动计算机"，然后点击【完成】按钮，完成安装过程。

启动运行软件

软件使用前，需要启动 JBOSS 服务器（软件自带 JBOSS 服务器）。请点击【开始】菜单的【程序】项，找到"电子商务师鉴定考试专用实验室 v3.0"，然后点击"电子商务师鉴定考试专用实验室 v3.0"。

启动"电子商务师鉴定考试专用实验室 v3.0"的 JBOSS 服务器后，显示如附图 1-7 所示页面：

附图 1-7

在运行软件过程中，请不要关闭该窗口。关闭窗口，即关闭"电子商务师鉴定考试专用实验室 v3.0"的 JBOSS 服务器。

启动《电子商务师鉴定考试专用实验室 v3.0》后，就可以开始使用软件了。请在【开始】菜单的【程序】项，找到"电子商务师鉴定考试专用实验

室 v3.0"项，点击进入"电子商务师鉴定考试专用实验室 v3.0"，进入软件的登录首页，如附图 1-8 所示：

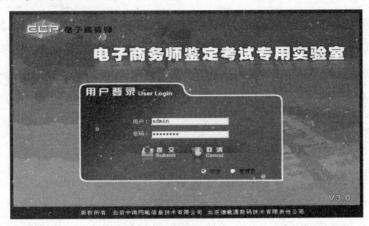

附图 1-8

您也可以打开 IE 浏览器，然后在浏览器的地址栏输入：http：//服务器地址 ip：8081/，也可以进入软件登录首页。

一、系统管理员指南

系统管理员的主要工作是维护软件的正常运行、备份和恢复系统的重要数据。因为系统管理员的工作极为重要，权限极高，所以请务必妥善保管该角色账号和密码。建议在首次使用本软件时，更改系统管理员的初始账号和密码。

本软件为系统管理员提供了一个初始账号 admin 和密码 admin001。以该身份进入后，如附图 1-9 所示，具有以下功能：

附图 1-9

二、数据管理

数据管理的功能是备份和恢复系统的数据。管理的数据包括实验数据、教学数据和考试数据管理。实验数据是指学生在实验室的操作的实验数据；教学数据是指教学平台的数据，如学生信息、实验任务等；考试数据是指在"电子商务师国家职业资格认证实验室技术支持专用工具包"中生成的包含考试信息，准考证号等信息的考试内容。

（一）实验数据管理

1. 备份数据

1）在管理员工作台的主页面，单击【数据管理】，进入数据管理页面。

2）在数据管理页面，单击【教学数据管理】，进入教学数据管理页面。

3）单击【备份数据】按钮，进入备份教学数据页面。

4）输入数据库服务器信息，单击【开始备份】，开始备份数据。

2. 恢复数据

1）在管理员工作台的主页面，单击【数据管理】，进入数据管理页面。

2）在数据管理页面，单击【教学数据管理】，进入教学数据管理页面。

3）选择备份文件，进入数据恢复页面。

4）单击【恢复】按钮，开始恢复教学数据库。

☚ **提示**：为了保证备份和恢复顺利进行，建议在备份和恢复前，重新启动数据库。

（二）教学数据管理

同实验数据管理。

（三）考试数据管理

点击系统控制台/数据管理/考试数据管理，进入附图1-10页面。

1. 安装考试任务包

考试任务包是一个经过加密的压缩包。由电子商务师国家职业资格认证实验室技术支持专用工具包中生成，包括考试任务信息文件、考生信息文件和考生任务分配信息文件，由电子商务师国家职业资格认证实验室技术支持专用工具包生成并下发。系统管理员导入考试包后，当到达了任务设定的开

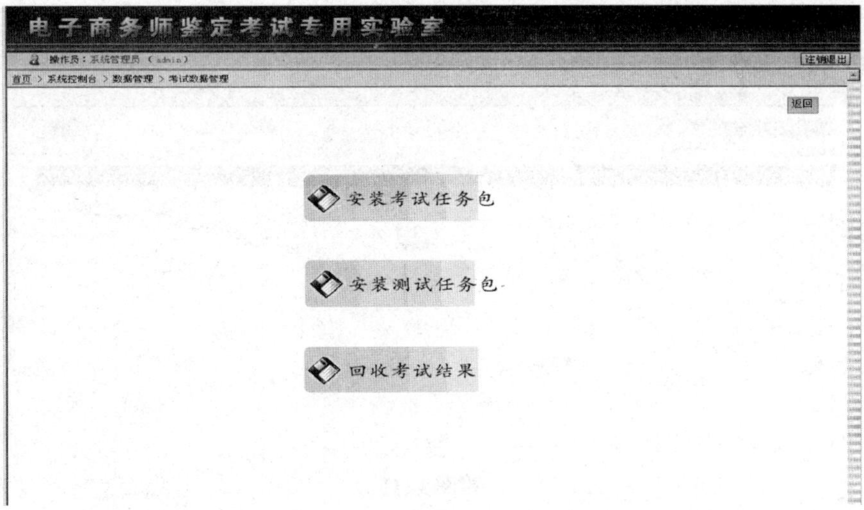

附图 1-10

始时间系统就会自动激活，激活后，学生可以使用准考证号登录实验室并进行实验。

点击系统控制台/数据管理/考试数据管理/安装考试任务包输入安装密码，选择包，点击【安装】，完成考试任务包的安装。

2. 安装测试任务包

测试任务包是一个经过加密的压缩包。它的结构与考试任务包完全相同。与考试任务包的区别在于，测试任务包的考生信息文件中的考生均为虚构的学生账号，仅供测试使用；考生任务分配信息文件中的任务角色分配，也仅是将任务涉及的一种角色分配给这些测试用的学生账号。在安装了测试任务包后，考试版教学平台将被激活7天。7天后，系统自动删除测试任务包的内容，并将系统状态重新改为未激活。

点击系统控制台/数据管理/考试数据管理/安装测试任务包，选择包，点击【安装】，完成测试任务包的安装。

3. 回收考试结果

考试结束后，考试机构工作人员点击系统控制台/数据管理/考试数据管理/回收考试结果。进入回收考试结果页面如附图1-11所示。

选择相应的考试任务包，点击【导出】；导出成功，点击【考试结果文件下载】。

为了保证考试结果文件的安全，从电子商务师国家职业资格认证鉴定考试专用实验室中导出的考试结果文件经过算法加密，只有使用中鸿公司提供的解密功能，才可以获得未加密的考试结果原文件。

课堂笔记

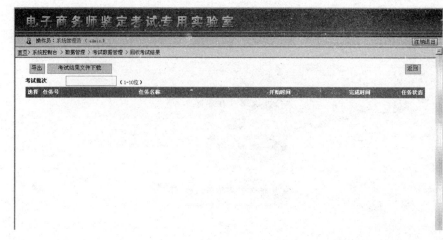

附图1-11

（四）修改密码

系统管理员登录系统控制台的账号是：admin，系统默认密码是：admin001。如果是第一次登录，建议系统管理员马上修改密码。

（1）在管理员工作台的主页面，单击【修改密码】，进入密码修改页面。

（2）输入旧密码、新密码和确认密码，然后单击【保存】按钮，完成密码修改。

课堂笔记

参考文献

［1］刘德华，吴会杰．网络营销［M］．北京：西苑出版社，2011.

［2］赵颖，陈莉，刘德华．电子商务概论［M］．北京：北京理工大学出版社，2009.

［3］邹辉霞．供应链物流管理［M］．北京：清华大学版社，2004.

［4］梅绍祖，吕殿平．电子商务基础［M］．北京：清华大学版社，2001.

［5］赵颖，刘德华．电子商务技能模拟实训［M］．北京：北京理工大学出版社，2009.

［6］周任慧．网络营销理论与技能训练［M］．北京：中国石油出版社，2009.

［7］周贺来．网络营销实用教程［M］．北京：机械工业出版社，2010.

［8］胡仁喜．最新网页制作实例教程［M］．北京：机械工业出版社，2008.

［9］张润彤，郑丰．电子商务［M］．北京：清华大学出版社，2006.

［10］李文正，赵守香．电子商务［M］．北京：北京航空工业出版社，2007.